著

孔子
纪行

至圣先师
——孔子的一生

中国出版集团　现代出版社

目 录 ——————

孔子传

十五而有志于学　003

三十教书于阙里　017

四十退而修诗书礼乐　047

五十出而仕之　055

七十而从心所欲　103

仲尼弟子列传

品德高尚者　187

善于政事者　205

擅长言语者　225

精通文学者　245

其他弟子　255

孔子传

十五而有志于学

两千五百多年前，中国出现了一位伟大的思想家，他影响了整个中国的文化与教育制度，并创了东方儒家思想，他就是至圣先师"孔子"。

太史公司马迁说：

自古以来，天下君王、贤人也够多的了，活着时荣耀显贵，死了之后什么也没了。

孔子以一介布衣传世十多世代，学者们无不以孔子为宗师，天子王侯全国谈及六艺的人，都把孔子学说用来作为最高准则。孔子真可算是至高无上的圣人了！

像高山一样令人景仰，像大道一样令人遵循。

虽然我无法达到这种境界，内心却非常向往。

鲁襄公二十二年九月二十八日，孔子诞生于鲁国陬邑昌平乡。孔子出生时，鲁国建国已经将近三百年了。

孔子的父亲孔叔梁纥，是鲁国有名的勇士，身长十尺，武力绝伦，曾担任陬邑大夫。原配生九个女儿，妾虽生一个儿子孟皮，可惜腿部残障。六十四岁以后，又娶颜氏，夫妇两人到尼丘山向神明祷告之后才生了孔子。

孔子刚出生时，头顶凹陷，因此取名为丘，字仲尼。

鲁襄公二十四年，孔子三岁。

孔子三岁时，父亲就死了。孔母颜征带着孔子从陬邑移居曲阜阙里，生活艰难。

孔子五六岁时，曾看过一次郊祭会，从此他玩游戏时常摆弄各种祭器，学大人祭祀的礼仪动作，扮演主祭的角色。

母亲颜氏问："你怎么玩这种游戏？"

孔子说："我在学习啊。"

母亲说："你长大之后要去当管庙的官吗？"

孔子说："我不做管庙的官，我要像父亲一样，做个人人敬仰的大夫。"

鲁襄公三十年，孔子九岁。

这一年，郑国名相子产执政，进行由上而下的改革，限制贵族的特权，整顿田制，并以实施宽猛相济的怀柔政策和严刑峻法管理百姓。

子产执政第一年，众人歌唱道："把我家的衣帽没收来贮藏，把我家的田亩收来查编又丈量。谁去杀子产，我愿意帮他忙！"

到了第三年，众人又歌唱道："我有子弟，子产来教诲；我有田池，子产来栽培。子产如果死了，有谁来继位？"

子产执政三年有成，郑国大治。

后来他又"铸刑书"，把自己所制定的刑法铸在鼎上，开创了古代公布成文刑法的先例，人民守法。孔子长大后，子产成为他极为尊敬的偶像。

鲁昭公五年，孔子十五岁。

孔子的祖先本是宋国贵族，曾在宋国宫廷职司上卿，后来因遭受政治迫害而迁到鲁国，到了孔子这一代时，家道已经没落。由于父亲曾当过陬邑大夫，所以孔子有资格进乡学读书。

孔子长得跟常人不同，身高九尺六寸，人们都称他为"长人"。

孔子十五岁时，便立志学习。

他说："我十五而有志于学。"

"学习知识能应时实行，不是令人很高兴吗？有朋友从远方来，不是令人很快乐吗？不见知于人，心里也不怨恨，不就是一位有修养的君子吗？"

"即使只有十户人家的小地方，必会有像我这样忠信的人，只是没像我这样好学罢了。"

"如果能于早上悟得真理，就是当晚死了也没遗憾！"

孔子非常喜欢学习，每当进太庙，对祭典之礼的程序和细节都问得清清楚楚。

有人说："谁说陬邑来的那小子懂得古礼？他进入太庙，事事都问。"

孔子听了之后说："这就是礼啊！"

鲁昭公七年，孔子十七岁。

孔子说："孝顺父母、爱护兄弟到了极点，就能够感动神祇，感化四面八方的人，这说的就是舜哪！"

孔子在他的故乡一心一意地孝敬寡母，他住在阙里，阙里的年轻人们分配打来的野味、捞到的鱼虾，就多分一些给有父母的人，这是孔子的孝心感化的结果。

孔子说："里中风俗应该仁厚，如果居住不选择风俗仁厚之地，怎算明智呢？"

孔子十七岁时母亲过世，灵柩置于五父之衢，没有立刻埋葬。他希望把母亲、父亲合葬，但找不到父亲的坟墓。陬邑人挽父之母，告诉孔子父亲所葬的位置，但弄不清楚父墓是殡，还是葬？

问见过父亲丧礼的乡人，他们都以为是葬。最后问到曼父的母亲，才知道是殡。于是孔子才把父母合葬于鲁国东部的防山。

孔子说："我曾听说古人造墓不在墓上堆土筑坟，我是四处奔波的人，不在墓上做标志。"

于是推土埋墓，高四尺。孔子便先回去，葬墓的人留下来处理后事。下了一阵大雨，墓塌了，葬墓的人修好墓才回来。

孔子问他们说："为何你们回来这么迟呢？"

葬墓的人回答说："防山的墓塌了。"

孔子默默不出声，葬墓的人连续说了三次。

孔子流下眼泪说："我听说过，古人不在墓上堆土啊！"

孔子为母亲的丧礼举行大祥祭，五天后，孔子弹琴仍不成声调。到第十天，孔子才用笙吹笙歌。

孔子的母亲死了，练祭 ① 后阳货来吊丧。

阳货私下对孔子说："您听说季氏将大飨国内士人吗？"

孔子回答说："我没听说，但如果受邀请，即使我在服丧也会出席。"

阳货说："可惜季氏并没邀请你。"

阳货出去后，曾皙问孔子说："您刚才说的是什么意思？"

孔子说："我服丧期间还回他的问话，表示我没责怪他的无礼。"

鲁昭公九年，孔子十九岁。

孔子十九岁时，娶宋之丌官氏为妻，第二年生下伯鱼。伯鱼出生时，鲁昭公赠送一条鲤鱼给孔子。孔子得国君赏赐感到很荣耀，所以给儿子取名鲤，字伯鱼，也因此后来演变成"孔门不食鲤"的习俗。

---

① 　练祭：古代亲丧一周年的祭礼。

鲁昭公十年，孔子二十岁。

孔子说："我小时候，身份卑微，所以会做各种琐碎的事情。"

当年，孔子做过季氏管理仓库的小吏，出纳钱粮计算得准确清楚。之后又担任过管理牧场的小职务，将场中牲口养得很好，越养越多，后来又出任主管营建的司空。

鲁昭公十七年，孔子二十七岁。

鲁昭公十七年秋天，郯子前来朝见，昭公和他一起饮宴。

郯国是春秋时代的东夷小国，这一年，郯国国君郯子，前来朝拜鲁国。

叔孙昭子问道："为什么少皞氏用鸟名来封官？"

郯子回答说："少皞氏是我的祖先，我知道这事。从前黄帝以云命名官职，百官都以云为名，炎帝用火命名官职，共工用水命名官职，大皞氏用龙命名官职，他们方式相同。"

郯子说："我的祖先少皞挚建国时，刚好有只鸟飞过，所以用鸟来命名官职，因而立百官以鸟命名。自颛顼氏以来，不以天瑞命名，而以近处事情命名，设立百姓长官，用老百姓事务命名。"

孔子听到了这件事，觐见郯子，并向他学习古代官制。

孔子常对人说："一个东夷小国竟然文化那么深厚，我听说天子丧失官学，学问存四夷诸侯。这话真实可信。"

春秋末年，各国诸侯中，实力最强的要数中原地区的晋国。

晋平公问祁黄羊说："南阳缺个县令，谁能担任这职务？"

祁黄羊回答说："解狐可以。"

晋平公说："解狐不是你的仇人吗？"

祁黄羊回答说："您是问谁能担任这个职务，不是问谁是我的仇人。"

晋平公很是称赞祁黄羊的话，就任用了解狐。国人对此都说好。

过了一段时间，晋平公又对祁黄羊说："国家缺少掌管军事的官，谁能担任这个职务？"

祁黄羊回答说："祁午可以。"

晋平公说："祁午不是你儿子吗？"

祁黄羊回答说："您是问谁能担任这个职务，不是问谁是我儿子。"

晋平公又称赞祁黄羊，就又任用了祁午。国人对此又都说好。

孔子听说了这事，说："祁黄羊的这些话太好了！推举外人不回避仇敌，推举家人不回避儿子。祁黄羊可称得上公正无私了。"

有一天，晋平公和臣子们在一起喝酒。

晋平公酒意正浓，得意地说："哈哈！没有什么比做国君更快乐啦！我说的话无人敢违背！"

晋国著名的盲人音乐师师旷在旁边听了这话，拿起琴朝晋平公撞去。晋平公连忙躲开，琴在墙壁上撞坏了。

晋平公说："太师，你撞谁呀？"

师旷故意答道："刚才有个小人在胡说八道，因此我气得要撞他。"

晋平公说："说话的是我吗？"

师旷说："哟！这可不是做国君的人应说的话啊！"

左右臣子认为师旷犯上，都要求惩办他。晋平公说："放了他吧，我要以此作为鉴戒。"

又有一天，晋平公对师旷说："我已经七十岁了，学琴会不会太晚了？"

师旷说："快把火把点起来。"

晋平公问："为何要点火把？"

师旷说："我听说，少年好学，如同日出；壮年好学，如同中午的光明；老年好学，就如同点亮火把的光亮。"

晋平公说："说得好。"

师旷说："点亮火把和日出,您说哪个比较亮?"

晋平公听后,说："师旷说得好。"

晋国强盛是因为晋君英明知过能改,加上有祁黄羊和师旷这样善于谏言的臣子。

但后来晋国也慢慢衰败,跟鲁国一样,国政被大夫们把持。

晋平公很爱音乐,有一天他要师旷演奏《清徵》给他听。

师旷坐下来用奇妙的指法拨出第一串音响时,便见十六只玄鹤从南方飞来,玄鹤鸣叫声和琴声融为一体,在天际回荡不已。

晋平公和参加盛宴的宾客一片惊喜。

曲终,晋平公激动地提着酒壶,离开席位向师旷敬酒,问道:"世间大概没有比《清徵》更悲怆的曲调了?"

师旷答道:"不,它远远比不上《清角》。"

晋平公喜不自禁地道:"那太好了,就请太师再奏一曲《清角》吧!"

师旷急忙摇头道:"使不得!《清角》是当年黄帝在泰山为了会集诸鬼神所作的,不能轻易弹奏。"

晋平公问:"这不是更难得吗?"

师旷说:"古代能够听《清角》的,都是有德君主。国君您德行浅薄，不能听。如果非听不可，只怕会给您带来厄运。"

晋平公说："我已经老朽了，平生最喜爱的就是音律，就让我听一回《清角》吧。"

君命难违，师旷只好奏起《清角》给晋平公听。刚开始演奏，有彤云从西北方向的天空中涌出。继续演奏下去，狂风刮来了，随即下起了大雨，狂风刮坏了帐幔，刮得案上放置的盛肉器具摔碎一地，同时，将廊上的房瓦都掀落在地。

围坐听乐的王公大臣都惊恐地逃散了，晋平公吓得匍匐在廊室，从此晋平公一病不起。

晋国接连大旱三年，赤地千里，晋国开始衰败，国政被韩氏、赵氏、魏氏、中行氏、范氏、知氏六卿所把持，并开始不断出兵攻打东边各国诸侯。

楚灵王军队强大，也时常侵犯中原各国。

齐国强大又靠近鲁国，鲁国十分弱小，对齐国侍奉不周，则遭齐国侵犯。

处于这动乱中，孔子想搬去九夷地方居住。

有人说："那地方很落后不开化，怎么能住呢？"

孔子说："君子住在那里，怎么会落后呢？"

那个人说："是啊，是啊！"

孔子说："有德行的人不会孤独，必定有志气相同的人来亲近他的。"

鲁昭公十九年，孔子二十九岁。

孔子二十九岁时，跟师襄子学琴。

师襄子说："虽然我因为磬击得好而当官，但我最擅长弹琴。你的琴已经弹得不错了，可以学些新曲了。"

孔子说："我还没掌握好乐曲的节奏。"

过些时候，师襄子又说："你已熟习弹琴的节奏了，可学些新曲了。"

孔子说："我还没领悟琴曲的思想感情。"

过些时候，师襄子又说："你已领悟琴曲的思想感情，可学些新曲了。"

孔子说："我还没体会到作曲者是个怎样的人。"

又过些时候，孔子肃穆沉静深思，有高望远眺的神态。

孔子说："我体会出作曲者是个什么样的人了，他肤色黝黑，身材高大，高瞻远瞩，有如统治四方的王者，除了周文王还会有谁呢？"

师襄子离席，恭敬地向孔子礼拜，说："您真是圣人啊！这首曲子就是《文王操》呀！"

孔子与鲁国的乐官太师谈音乐。

孔子说："音乐有一定的规则，开始合奏，随着旋律扬起，纯清绵长的音调缭绕全曲，于是就成为一首曲子。"

三十教书于阙里

鲁昭公二十年，孔子三十岁。

这年春天，齐景公带晏子来到鲁国。

齐景公问孔子说："我向先生请教一个问题。从前秦国小，地方又偏僻，秦穆公为何能称霸？"

孔子说："秦国虽小，秦穆公目标却很远大；国家位置虽偏僻，秦穆公施政却很正当，亲自举拔，用五张黑羊皮赎来贤士百里奚。从这些事实来看，就是统治整个天下他也能办到，称霸诸侯还算成就小呢。"

齐景公说："你分析得很好。"

这一年，孔子开始教书于阙里，颜无繇听到消息之后，就前往就学，后来曾子的父亲曾皙拜孔子为师。

孔子说："凡是送敬师礼前来求学的，我没有不收他为学生的。"

"狂妄却不直率、无知又不敦厚，没能力又爱欺骗，我不教这种人。"

"不到学生想求明白却不能之时，不去开导他；不到学生表达不了之时，不去启发他。举一个角，不能推想到其他三个角，就不再教导他了。"

"每个人刚出生时原本差别不大，经由不同的学习，差异越来越显著了。"

"人的天赋资质有高低，但经过努力，庸愚者也能和天生才智之士齐一了。"

阙里一个童子前来向孔子传话。

有人问孔子："他是个上进的孩子吗？"

孔子笑道："我看他与长辈并肩同坐同行。他不是追求上进，只是个急于速成的人。"

孔子带学生到山林郊游，看到捕雀者捉到的全都是黄口小雀，孔子问他说："为什么抓不到大鸟？"

捕雀者说："大鸟很警觉不容易捉，小鸟贪吃所以容易捉到，小鸟跟着大鸟就捉不到，大鸟跟着小鸟也不易捉到。"

孔子回过头对学生说："警觉可远离祸害，贪吃则忘记灾祸。福祸来自心的不同，跟随对的对象决定祸福。因此君子对他所跟随的人要谨慎。跟随年长者，则保全自身；跟随愚昧无知者，则有灭亡的灾祸。"

这一年，执政二十六年的郑国名相子产逝世，因为他一生廉洁奉公，家中没有积蓄为他办丧事，儿子和家人只得用筐子背土在新郑西南陉山顶上埋葬他的尸体。

孔子得知子产过世的消息，非常悲痛，他流着泪说："子产的仁爱，是古人流传下来的遗风。"

子产临终时，对子太叔说："我死了之后，你一定当政。唯有有德行者，能以宽容政治使百姓服从，其次是严厉施政，火势猛烈，人们一看就怕，很少有人死于火。水性柔弱，往往使人忽略而去玩水，因而死于水的人多，所以施行宽容的政治难。"

子太叔说："是的。"

子产死后，子太叔执政，不忍心严厉施政，而用宽容的政策，结果郑国出现很多盗匪，他们召集人手聚集于萑苻泽中。

子太叔很后悔地说："如果我一开始就听从子产的话，就不至于出现这种局面。"

于是，他出动步兵去围剿萑苻泽中的盗寇，将他们消灭，从此盗贼才稍稍平息。

孔子听了说："是啊！政策宽容则百姓怠慢，百姓怠慢又用严厉法令纠正。法令严厉，则伤害百姓，伤害百姓则要以宽容来对待。以宽容调节严厉，以严厉调节宽容，严厉、宽容相辅相成，则国家就平和安稳。"

从前，郑国人民到乡校聚会时，喜欢议论执政者施政措施的好坏。

郑国大夫然明对子产说："把乡校毁了，免得人民批评我们。"

子产说："为何要毁掉？人们工作之余到乡校相聚，议论施政的好坏。他们喜欢的，我们就推行；他们讨厌的，我们就改正。为何要毁掉它呢？我听说做好事以减少怨恨，没听说过依权仗势来防止怨恨。"

然明说："是的。"

子产说："制止议论是很容易的，然而这样做就像堵塞河流：河水大决口造成的损害，受害者必然很多，我挽救不了；不如开个小口导流，我们听取这些议论，把它当作治病良药。"

然明说："哇！您的确能成就大事，我确实无能。果真能做到这样，郑国就有了依靠，岂止只利于我们这些臣子？"

听了这个故事，孔子说："依此看来，人们说子产不仁，我不相信。"

从前晋君想进攻郑国，派叔向到郑国聘问，以察看郑国有没有贤人。

子产对叔向诵诗说："如果你思念我，请提起衣服涉过洧河；如果你不思念我，难道我没其他伴侣？"

子惠思我，褰裳涉洧；子不我思，岂无他士？

叔向回到晋国说："郑国有贤人子产在，进攻不得。郑国跟秦国、楚国紧邻，子产赋诗流露出不二之心，郑国进攻不得。"

于是晋国停止攻郑。

孔子说："《诗经》说'国家强大在于有贤人。'子产只诵诗一首，郑国便免于灾难！"

孔子说：

"子产有四种行为合乎君子之道——自己行事很恭顺；对在上位的人很诚敬；爱护百姓，广施恩惠；使用民力很得宜。"

"郑国的法令，都是由裨谌起草，再由世叔审阅，最后由子羽修饰，东里子产润色。"

有人问孔子说："子产是个怎样的人？"

孔子说："子产是个有恩惠于人的人。"

又问："子西怎样？"孔子说："他呀！他呀！"

又问："管仲怎样？"

孔子说："管仲是个人才。伯氏被他取消了封地，过了一辈子苦日子，直到老死也无怨言。"

鲁昭公二十四年，孔子三十四岁。

鲁国大夫孟僖子病危，临终前告诫两个儿子孟懿子及南宫敬叔说："孔丘是圣人后代，年少好礼，我死了之后，你们一定要以他为师。"

孟懿子及南宫敬叔说："是的，父亲。"

孟僖子死后，孟懿子及南宫敬叔两兄弟便跟孔子学礼。

孔子对南宫敬叔说："我听说老子博古通今，通晓礼乐之源，明了道德的归属，那么他就是我的老师，我想到周国请教他。"

南宫敬叔回答说："我替你达成愿望。"

于是南宫敬叔对鲁昭公说："臣受父亲遗言'孔子是圣人后代，先祖灭于宋国。起初他的祖先弗父何拥有宋国，后来传给弟弟厉公。到了正考父时，辅佐宋戴公、宋武公、宋宣公三朝。'

臧孙纥曾经说'圣人的后代，如果不当国君，必有才德出世。'如今孔子年少好礼，不正是才德出世吗？"

鲁昭公说："喔，是吗？"

南宫敬叔说："如今孔子想到周国学礼，考察先王遗制，礼乐所达的极致，您何不资助他，让我跟孔子一起到周国去？"

鲁昭公说："好。"

于是鲁昭公就给他一辆车、两匹马、一名童仆，南宫敬叔和孔子一起到周国。

孔子在东都洛邑考察期间，曾习乐于音乐大师苌弘。

孔子说："弟子仲尼，特地来向大师请教乐理。"

苌弘见孔子后，对周朝大夫刘文公说："孔子仪表非凡，生有异相，志存高远，言称先王，躬礼谦让，洽闻强记，博物不穷，前途远大。"

刘文公说："如今周王室衰微，各国诸侯忙于争锋称霸，孔丘出身贫贱，一介布衣怎可能成为圣人呢？"

苌弘说："尧舜文武之道，已被世人抛弃。当今礼乐崩丧，应出现圣者正其道统！"

孔子说："我又怎敢期望成为圣人？我只是个礼乐的信徒而已。"

孔子走遍祭天之所，考察明堂规则和宗庙制度。有一天他跟南宫敬叔一起去参观明堂，看到四门墙上有尧、舜、桀、纣的画像，画出了每个人的善恶容貌和他们的箴言。还有周公辅佐成王，抱着成王面朝南方接受诸侯朝见的画像。

孔子来回仔细观看，对南宫敬叔说："这是周朝兴盛的原因啊！明镜能照出形貌，古代之事能知当今。君主不朝向国家安定的路上，忽视危亡的原因，这和倒着跑却想追上前面的人一样，难道不糊涂吗？"

孔子在周观览，进入周太祖后稷庙堂。右边台阶前有铜人像，口被封了三层，铜人像背后刻着铭文：

警戒啊！这是古代说话谨慎的人。

不要以为多言无伤，祸患由此产生；

不要以为多言无害，祸患由此扩大；

不要以为别人不闻，神在监视着你。

焰焰火苗不扑灭，熊熊大火怎么办？

涓涓细流不堵塞，终将汇聚为江河；

长长的线不弄断，将会结成大罗网；

细小枝条不剪除，长大就要用斧砍。

谨慎是福的根源。

口造成什么伤害？

它是祸患的大门。

人人皆趋前，我独守此处。

人人皆变动，我独自不移。

智慧藏于内心，技艺不示于人。

孔子读完这篇铭文，回头对南宫敬叔说："你们记住啊！这些话实在中肯，真实可信。《诗经》说'战战兢兢，如临深渊，如履薄冰'。立身行事能如此，哪会有口舌之患呢？"

南宫敬叔说："是的，老师。"

孔子感叹说："我现在才知道周公的圣明，以及周之所以能称王天下的原因了。"

孔子在洛阳时，因为要阅读周王室藏书，必须拜会周王室文典的史官——老子，向老子问礼。

弟子跟老子报告："鲁国大教育家孔子来访！"

老子说："你们先把路打扫干净，我去迎接他。"

弟子说："是的，老师。"

于是老子骑着牛，到郊外迎接孔子。孔子也依照礼节从车上下来，捧着见面礼大雁送给老子。

孔子在洛阳住了几天，并向老子请教。

孔子说："难啊！道在今天太难实行啊！我实行道，但没有人接受啊！道在今天太难实行啊！"

老子说："说话流于华丽言辞，听者会被言辞干扰。如能掌握这个原则，道便不会被忘记了。"

孔子说："是啊，你说得极是。"

孔子离开周国时，老子去送他。

孔子说："谢谢先生教诲，受益良多。告辞了！"

老子说："富贵的人送人财物，仁德的人送人言辞。我不是富人，就送你两句话当临别的礼物吧。"

孔子说："谢谢。"

老子说："聪明的人常遭困厄，是因他喜欢议论别人；学问渊博的人常遭危险，是因他好揭人罪恶；做人子女的应心存父母，做人臣属的应心存君上，不能只顾到自己。"

孔子说："我一定遵循您的教诲。"

孔子怀着感激的心情离开洛阳，回到鲁国之后，经常赞美老子。

孔子常常对弟子们说："鸟，我知道它会飞；鱼，我知道它会游水；兽，我知道它会走；但是龙，它在云端，在天上，无法捉摸，深不可测，老子就像龙一样啊！"

到周学习之后，孔子更受人尊崇，门下学生越来越多了。

学堂周边的居民说："孔子真伟大啊！他学问渊博，无法以某一专长来称赞他。"

孔子听说了，笑着对学生说："我有什么专长呢？驾车呢，还是射箭呢？我还是驾车吧。"

孔子说："我无所不知吗？我一无所知啊！但如果有个粗人问我问题，虽然我一无所知，从正反问出来龙去脉，我才彻底清楚。"

鲁国的勇士子路，也经由门人引荐拜孔子为师。

有一天，子路穿华服去见孔子。

孔子说："子路啊！你为何穿得这么华丽？长江从瑶山发源时，水流只能浮起酒杯。流到江津时，如果无船，不避大风，则无法渡过，这不是流水太多的原因吗？今天你穿这么华贵，颜色鲜艳，天下有谁会告诉你你的缺点呢？"

子路快步出去换服装回来，样子很自在。

孔子说："子路你记住！我告诉你，爱说大话者华而不实，爱表现者会败坏，脸上呈现智慧者是小人。君子知道就说知道，这是说话的关键；做不到就说做不到，这是行动的准则。说话掌握关键，就是智慧；行动有最高准则，就是仁德。既有仁德又有智慧，哪有什么不满足的呢？"

孔子说："子路啊，你听过六种美德跟随着六种流弊吗？"

子路说："没听过。"

孔子说："坐下，我告诉你。喜欢仁爱却不好学，便会流于愚昧；喜欢聪明却不好学，便会流于放荡；喜欢诚实却不好学，便会遭受戕害；喜欢正直却不好学，便会太过急切；喜欢勇敢却不好学，便会招致祸乱；喜欢刚强却不好学，便会过于狂躁。"

孔子说："子路呀！我教导你的都知道了吗？知道就说知道，不知道就说不知道，这才是真知啊！"

子路说："老师，我知道。"

孔子到鲁桓公的庙堂参观，看到一件易于倾倒之器。

孔子问守庙人说："这是什么器物？"

守庙人说："是国君放在座位右边，以示警戒的欹器。"

孔子说："我听说国君座位右边的欹器，空虚则倾斜，水刚刚好则端正，水满则倒下。贤明国君把它视为最高警惕，所以把它放在座位右边。"

说完回头对弟子说："灌水进去试试看。"

弟子把水灌进欹器，水不多不少时就端正，水满时欹器就倒下。

孔子感叹道："唉，哪有东西盈满而不倒呢？"

子路上前问孔子说："请问保持盈满有什么方法？"

孔子说："智者，以愚蠢保护自己。功高者，以谦让保护自己。勇者，以懦弱保护自己。富者，以谦卑保护自己。这就是损之又损，保护自己的方法。"

季孙氏、叔孙氏、孟孙氏原本是鲁桓公三个儿子的后代，故称三桓。当时鲁国政权实际掌握在三桓手中。

孔子说："鲁国丧失实权已经五代，政权落到三桓之手已经四代了。"

掌握鲁国实权的三个家族在祭祖仪式结束时，唱着天子祭祖时所用的诗歌。

孔子说季氏："以天子八佾之舞在庭院中舞蹈，如果这样的事都能忍，还有什么事不能忍？"

孔子说："'诸侯辅助，天子肃穆。'这样的歌词怎能在三家的庙堂唱呢？"

鲁昭公二十五年，孔子三十五岁。

这年鲁国发生内乱：季平子与鲁国贵族郈昭伯为邻，他们两家常以斗鸡为乐。季平子在鸡翅膀上偷偷撒上芥末，郈昭伯的公鸡无论多么雄壮总是被弄瞎眼睛，连连失败。

后来郈昭伯发现季平子斗鸡取胜的秘密，便也在鸡爪上装上锋利的小铜钩，季平子的鸡连连失败。季平子发现郈昭伯作弊，彼此指责对方而相互攻击起来。

季平子怒而侵郈氏，占领郈昭伯封地，还趁此机会将原本敌对的臧昭伯家臣囚禁了起来。郈氏与臧氏便一起诉冤于鲁昭公。

鲁昭公对季平子的专权早已不满，便支持郈氏、臧氏，出兵包围了季平子。季平子看看四周都是军队，已无法逃命，表示愿意搬出曲阜，归还从郈氏抢来的封地，鲁昭公不允许，季平子又表示愿意赔偿财产，囚禁自己，以示惩罚。鲁昭公仍不允许。季平子便暗请叔孙氏出兵救援。

叔孙氏司马问他的家臣："有季氏和没季氏，哪一种对我们有利？"

家臣回答说："如果季氏不存在了，叔孙氏和孟孙氏也会先后垮台。"

于是，叔孙氏司马下令援救季平子，攻昭公。

持观望态度的孟孙氏见有机可乘，也带兵去援救季平子。三桓联手攻伐鲁昭公，鲁昭公大败，郈昭伯被孟孙氏所杀，昭公兵败逃到齐国，齐王把昭公安置在干侯。

孔子得知鲁昭公逃到齐国的消息后，也追随鲁昭公赶到齐国。

齐国，巍巍泰山耸立在云端。

孔子到齐国，第一次这么近看泰山，他激动地拿出琴，当场作一首丘陵之歌：

登彼丘陵，峛崺其阪。

仁道在迩，求之若远。

遂迷不复，自婴屯蹇。

喟然回虑，题彼泰山。

郁确其高，梁甫回连。

枳棘充路，陟之无缘。

将伐无柯，患兹蔓延。

唯以永叹，涕霣潺湲。

登上高冈丘陵，山坡曲折连绵。

仁道看来很近，想达到却很远。

不知该怎么走，被艰困所羁绊。

喟然叹息回首，泰山耸入云端。

茂林泰山高耸，梁甫与之相连。

路上充满荆棘，想登高却无缘。

想砍伐却无斧，又怕滋生蔓延。

只能长歌咏叹，眼泪潺潺不停。

　　孔子唱完丘陵之歌，看到一个妇女在坟前哭得很伤心。他扶着车轼侧耳倾听，说："这么悲痛，像一再遇上伤心事。"便令子路上前询问。

　　妇女说："从前我公公死于老虎，我丈夫也死于老虎，现在我儿子又死于虎口。"

　　子路说："你为何不搬离这里？"

妇女回答说："因为这里没有苛政啊！"

孔子对子路说："你要好好记住，苛政猛于虎啊！"

有一天，孔子路过山边，看见荣益期走在郕国郊外，穿鹿皮衣服，系着绳子腰带，边奏瑟边唱歌。

孔子问道："为何您这么快乐？"

荣益期说："快乐的事很多，最主要的有三件——天生万物，人最尊贵，我生为人，这是第一件乐事；男女有别，男尊女卑，人以男贵，我生为男，这是第二件乐事；人生有死于胎腹年幼，我能活到九十五岁，这是第三件乐事。贫穷是士人常态；死亡是人之终极。居常态又享天年，还忧愁什么？"

孔子说："好极了！他真是个自得其乐的人。"

这时，孔子看见一群雌雉飞翔之后停在树上，孔子神色一变说："这些山梁上母野鸡，来得适得其时呀！适得其时呀！"

子路向雌雉挥挥手，雌雉长叫几声便飞走了。

鲁昭公二十六年，孔子三十六岁。

孔子刚到齐国，便急着想到都城郊门外的剧场听《韶乐》，遇见一个也要去听《韶乐》的小孩，他的眼睛很亮，心情很愉快，模样很端正，手提一粥壶，跟着孔子的车子一起走。

孔子对车夫说："快赶车！快赶车！《韶乐》开始演奏了。"

刚到达剧场，就听到了美妙的《韶乐》。

孔子说："哇！《韶乐》好美好美！从太师挚演奏的序曲开始，到最后《关雎》结尾，优美的音乐缭绕在我耳边。"

从此之后有三个月孔子尝不出肉的香味。

孔子感叹地说："想不到好听的音乐会这样迷人啊！"

孔子评论《韶乐》说："尽善，尽美。"

评论《武乐》说："尽美，但不尽善。"

孔子感叹说："晋文公狡诈又不正直，齐桓公正直而不狡诈。"

子路问孔子说："齐桓公杀公子纠时，召忽自杀殉死，但管仲却没有自杀。管仲不能算是仁人吧？"

孔子说："齐桓公多次召集各诸侯国的盟会，不用武力，都是管仲的功劳。这就是仁啊！这就是仁啊！"

子路问："老师，你认为齐国怎样？"

孔子说："如果齐国制度改革，便能达到鲁国的水准。如果鲁国制度改革，就能达到先王之道了。"

孔子到了齐国，想借大高昭子的关系接近齐景公，于是做了昭子的家臣。

春秋时代政治很乱，君不君，臣不臣，鲁昭公被季孙氏所逐，齐景公又受控于陈桓，陈桓的势力很强大，极有篡夺政权的可能。

齐景公问孔子说："执政者该当如何？"

孔子说："君要像君、臣要像臣、父要像父、子要像子，各司其职，扮演好自己的角色。"

齐景公说："说得好极了！如果君不君、臣不臣、父不父、子不子，即使粮食再多，我能吃到吗？"

孔子说："是啊！"

齐景公说："用给季氏那样高的待遇给你，我做不到。我以上卿季孙氏、下卿孟孙氏之间的待遇给你。"

孔子说："谢谢。"

齐景公又问："为政的原则又怎样？"

孔子说："为政最重要的是善用财力，杜绝浪费。"

这时，左右着急地跑进来报告："周使者刚到，听说先王宗庙遭火灾。"

齐景公追问："是哪个君王宗庙被烧？"

孔子说："一定是厘王的庙。"

齐景公问："你怎会知道？"

孔子说："《诗经》说'皇皇上天，其命不忒，天之以善，必报其德'。灾祸也是如此。厘王改变文武之制，宫室高耸，车马奢侈得无可救药。所以天降灾于他的庙堂。"

齐景公说："上天为何不降祸到他身上，而惩罚他的宗庙呢？"

孔子说："如果降到厘王身上，文武不就没子嗣了吗？所以降灾到他的庙堂，以彰显厘王之过。"

过一会儿，有人报告说："受灾的是厘王庙堂。"

齐景公吃惊地站起来，再次向孔子行礼说："好啊！圣人的智慧果然高人一等。"

孔子在齐国时，齐景公出去打猎，用旌旗召见管理山泽的官员，管理山泽的官员没有上前晋见，齐景公便派人把他抓起来。

管理山泽的官说："以前君王打猎时，用旌旗召见大夫，用弓来召见士人，用皮帽来召见管理山泽小官。我没看见皮帽，所以不敢晋见。"

齐景公听了，就放了他。

孔子听到这事，说："好啊，遵道不如遵守职责。君子鼓励这种行为。"

有一天，一只独脚鸟飞到齐国宫殿屋顶，又飞下来栖息于殿前，张开翅膀跳舞。齐景公感到奇怪，于是派人去问孔子。

孔子说："这种鸟叫商羊，是有水的预兆。从前有小孩子抬起一只脚，抖动双肩，边跳边唱'天将大雨，商羊跳舞'。现在齐国有这种鸟，大雨恐怕要来了。快告诉百姓修水沟，筑堤坝，将发生大水灾。"

不久，果然大雨不停，雨水淹没很多国家，伤害百姓，只有齐国有准备，没有遭到破坏。

齐景公说："圣人的话，真实可靠而且应验。"

孔子说："谢谢夸奖。"

齐景公铸造了一口大钟，准备悬挂在大殿前方。

孔子、伯常骞、晏子都来观看，他们三人都说："这钟就要碎了。"

人们用钟杠一撞，果然碎了。

齐景公召见三人问道："请问，为何大钟会破碎？"

晏子说："钟太大不合礼制，我因此说钟将坏。"

孔子说："钟太大，又悬空过大面积，它的声气不能冲上天去，因此我说将要破碎。"

伯常骞说："今天正是庚申日，是雷的日子，天下万物的声音不能超过雷声，因此我说大钟将被摧毁。"

齐景公点头说："嗯，三个理由都有道理。"

这年冬天，齐邑连下三天大雪，齐景公披着白色狐皮裘衣，坐在殿堂台阶。齐国宰相晏子站在他的身旁。

景公说："怪啊！天降大雪竟然不冷。"

晏子回答说："天气真的不冷吗？我听说古代贤明君王，吃饱时知道有人挨饿，穿暖时知道有人受寒，安逸时知道有人在辛劳。现在的君王真不知道民间疾苦啊！"

齐景公说："你说得对！我遵从你的教诲。"

于是下令拿出衣物、粮食，发放给饥寒交迫的人，在路上看见饥寒的路人，不问他来自哪个国家，都一律救济他们。

孔子听到这件事后说："晏子明白自己所应做的事，齐景公能做他所该做的事。"

孔子说："晏子善于与人交往，交往越久，别人越尊敬他。"

孔子很欣赏晏子，但晏子有自己的立场。

有一天，齐景公对晏子说："我想把尼溪的田封给孔子。"

晏子说："儒者都能言善道，态度高傲很难驾驭，崇尚丧礼、浪费财产、厚葬死人，不可将这形成习俗；他们不事生产，只是到处游说求职，这种人不能来掌理国事。"

齐景公说："好吧，就不用他啦。"

此后，齐景公虽然很礼貌地接见孔子，但不再问关于礼的问题了。

鲁昭公二十七年，孔子三十七岁。

齐国的大夫想加害孔子。

弟子说："老师，听说有人想要陷害您。"

孔子说："噢，是吗？"

孔子只好向齐景公求救。

齐景公对孔子说："我老了，没法用你了。"

孔子说："噢，是吗？"

　　由于形势非常险恶，孔子回到住所后，急忙告诉门人说："我们走，回鲁国去。"

　　弟子说："老师，我正在淘米，我们煮好饭吃完再走好吗？"

　　孔子说："来不及了，把淘好的米带着，在路上滤干。"

　　孔子等不及弟子做饭，便仓促离开齐国。

　　在半途中，孔子听说吴国延陵季子出使齐国，回程路上大儿子死了，延陵季子只好将儿子就地葬于嬴博之间。

　　延陵季子是吴王寿梦的第四个儿子，曾三次放弃继承王位，周游列国学习礼乐，是吴国文化贤人。孔子八岁时，延陵季子曾专程赴鲁国观看周代乐舞。

　　孔子说："延陵季子是吴国最懂得礼的人，我去观看他如何主持儿子的葬礼。"

　　孔子到了后，看到墓穴深不到有泉水之处，用平常衣服包裹尸体，下葬后积土成坟，坟的宽长和墓坑相当，坟的高度可垂手按住坟顶。积土成坟之后，他袒露左臂，向左绕着坟头转了三圈。

延陵季子边哭边喊："骨肉又回归大地是自然规律。神魂精气无所不在，无所不在。"

之后，他又重新上路。

孔子说："延陵季子主持葬礼，真是合乎周礼啊。"

孔子回到鲁国，开办私人学校招收学生，颜回、闵损、冉耕、冉雍、冉求也先后拜孔子为师。孔子收弟子不分贫富贵贱，也由弟子资质高低差别，因材施教。

弟子们端坐于室外林间无外墙的长廊学堂念唱："学而时习之，不亦说乎？有朋自远方来，不亦乐乎？人不知，而不愠，不亦君子乎？"

孔子说：

"人不能因为别人不知道自己的长处而担忧，而要担忧自己是否知道别人的长处。"

"将学问默诵烂熟，记在心里，好学而不厌，教诲学生，永远不会倦怠。这些哪一样我能有呢？"

"温习以前所学的，常求知所没学过的，这样就可以作为别人的师长了。"

"作为学生在家要孝顺父母；出外要恭敬尊长；做事谨慎而说话诚信；更要博爱众人而亲近有仁德的人。这些德行以外，还要努力用功读书。"

门人中，孔子最喜欢的弟子要属颜回了。

孔子说：

"颜回真是贤德啊！一小筐饭，一瓢水，住简陋狭窄的屋子，别人都受不了穷苦，而颜回却没有改变他自得的乐趣。颜回真是贤德啊！"

"听我说话能毫不懈怠，只有颜回一个人吧！"

"颜回不是对我有帮助的人，对我所说的话，他从不质疑。"

"我曾整天跟颜回谈话，他从不反驳有如愚痴。后来我发现，他理解透彻，一点也不笨。"

孔子说："可惜啊！我只见颜回进取，从没看过他停止学习。"

颜回说："老师不是曾经说过：求学就像来不及似的，学到了又怕把它失掉。"

孔子说："是啊！一个读书人若已立志求道，而还耻于自己穿得不好，吃得不好，这种人便不足和他讨论道了。"

鲁昭公二十八年，孔子三十八岁。

晋国魏献子执政，分割祁氏及羊舌氏的封田，赏赐大夫们和他自己的儿子成，这些大夫和他儿子，都由于贤明而被魏献子提拔。

魏献子又对贾辛说："你为王室出力，所以我提拔你好吗？你要尊重自己的荣誉，不要坏了你的功劳。"

孔子听说这件事，说："晋魏献子举拔人才，近不忽略亲属，远不忽略贤人，做得真好啊。他又任命贾辛为大夫，是举才忠诚的典范。"

孔子说："《诗经》说'永言配命，自求多福'就是忠。魏献子举才合乎义，任命合乎忠。他的子孙会长存于晋国吧！"

鲁昭公二十九年，孔子三十九岁。

晋国赵简子想学郑国子产"铸刑书"，他征收了四百八十斤铁，用来铸造刑鼎，把范宣子所制定的刑书铸上去。

孔子说："晋国之所以衰败，是因为失去法度。当年晋国守将唐叔制定法度，用来约束民众，贵族依官阶高低来遵守，因此民众尊重贵族，贵族能守住产业。"

　　孔子说："贵贱不乱就是法度，当初晋文公任命执掌法制的官，制定被庐之法，成为盟主。现在抛弃了这个制度铸造刑鼎，百姓只能看到鼎上条文，如何尊重贵族？"

　　孔子说："还有什么能供贵族去守？贵贱没有次序，还成什么国家？况且范宣子的刑书，是在夷地阅兵时制定的，是晋国的乱制，怎能把它当成法律呢？"

　　孔子说："用政令来领导民众，用刑罚来整治人民，人民害怕不敢做坏事，只是避免受到刑罚罢了，并不会存有羞耻心。如果以道德感召，以礼节整治，人民便存有羞耻之心，而能改过向善。"

四十　退而修诗书礼乐

鲁昭公三十二年，孔子四十二岁。

鲁昭公被逼出国七年，最后死于齐国的干侯，鲁定公即位。但是鲁定公仍毫无政治权力，一切都受到季孙氏、叔孙氏、孟孙氏的摆布。掌握鲁国大权的季孙氏又被他的家臣阳货挟制得束手无策。

鲁定公五年，孔子四十七岁。

孔子从小看了很多书，凡是古书中曾经记载过的任何冷僻知识，他都无所不知。

大禹治水时，到了牧德山，看到一个神人，神人对大禹说："苦了你身，累了你心，你全力整治洪水，大概很疲惫了吧？我有《灵宝五符》，可以用它役使蛟龙水豹。"

于是交给了大禹，并告诫说："治水完毕把书藏到仙山。"

大禹治水成功后，就把书藏到洞庭包山的洞穴里。

直到吴王阖闾即位时，他命人在包山开采石头建造王宫，在石盒中得到这本《灵宝五符》，书上的文字都不认识，于是派使者去请教孔子。

吴使说："吴王闲居宫中，有只红色乌鸦衔着这书飞到大王住处，没有人能认识那上面的字，所以大王让我远道而来请教您。"

孔子说："从前大禹治水时，在牧德山遇到神人，送给他《灵宝五符》方术，讲长生不老之法，后来大禹要成仙时，把它封在洞庭包山洞里，君王得到的大概就是这本书吧！至于红色乌鸦的事，我没听说过。"

孔子说："我曾听童谣唱道'吴王出游观览震湖，龙威老人山居野处。北上包山跨入云端，进入洞室窃取禹书'。天地鸿篇不可阅读，此书流传百六十年，强取必将丧国灭族。"

吴王阖闾听后，肃然起敬。

楚王渡江时，江中漂来一样东西，圆圆红红，其大如斗，撞向楚王所乘坐的船。船工把它捞上船。

楚王很奇怪，遍问群臣，无人认得此物。

楚王派使者到鲁国，向孔子请教。

　　孔子说："这就是萍的果实，可切开来吃。是吉祥物，只有诸侯盟主才能得到。"

　　使者回去禀报，楚王就把萍的果实切开吃了，果然味道很美。很久之后，楚国使者又到鲁国，向鲁国大夫说了这件事。

　　大夫问孔子说："孔夫子怎么知道得这么清楚？"

　　孔子回答说："从前我到郑国路经陈国，在野外听到小孩唱歌：'楚王渡江得萍实，大如斗，赤如日，剖而食之，甜如蜜。'这就是楚王得到萍实的先兆，我因此才知道。"

　　孔子乘舟渡江时，看见一只奇异的鸟有九个尾巴，大家都叫不出名字。

　　有人请教孔子，孔子说："名叫鸧鸹。"

　　子夏好奇地问："老师您怎么知道的？"

　　孔子说："《河上之歌》写道，'鸧鸹啊！鸧鸹，逆毛一擦就老啦，身上长着九个尾巴'。"

　　子贡说："老师，您真无所不知啊！"

　　鲁定公五年夏天，孔子四十七岁。季平子死了，季桓子继任为上卿。季桓子掘井时挖得一个腹大口小的陶器，里面装着像羊的东西。

季桓子对孔子说:"陶瓮里有一只狗。"

孔子说:"应该是只羊吧?我听说木之怪叫作夔,石之怪叫作罔阆,水之怪叫作龙、罔象,泥中之怪叫作坟羊。"

季桓子有位名叫仲梁怀的宠臣,他与阳货结怨。阳货要驱逐仲梁怀,季氏家臣公山不狃阻止阳货。

这年秋天仲梁怀更加骄横了,阳货把他捉了起来。季桓子很恼怒,于是阳货把季桓子也囚禁起来,直到季桓子签了盟约才把他放出来。

阳货发动政变,代替了季桓子的地位,更挟持鲁君,放逐敌党成了鲁国的独裁者。

孔子不愿意在鲁国当官,退闲在家,专心研究整理《诗》《书》《礼》《乐》,学生们越来越多,有的甚至来自远方,无不虚心向孔子求教。

有人问孔子:"先生您为何不从政?"

孔子说:"《尚书》说'孝顺父母、兄弟友爱'。难道只有做官才算从政吗?以这种品德影响政治,这就是参政。"

孔子有时讲雅言,读《诗经》、念《尚书》、举行典礼时,用的都是雅言。

孔子说：

"《诗经》三百首，用一句话概括，即思无邪。"

"《关雎》这一篇诗，乐而不淫，悲哀但不过分伤痛。"

"一个人的修养始于学习《诗经》，自立于学习《礼记》，完成于学《乐记》。"

"同学们！你们为何不学《诗》呢？学诗可激发热情、可观察天地万物、使人学会合群、近可侍奉父母，远能侍奉君王，还可以知道很多鸟兽草木的名称。"

孔子对他的儿子伯鱼说："你读过《周南》《召南》吗？如果不读《周南》《召南》，就有如面对墙壁，学习无法更进一步。"

孔子读到《诗经·正月》六章：

谓天盖高，不敢不局。

谓地盖厚，不敢不蹐。

维号斯言，有伦有脊。

哀今之人，胡为虺蜴？

突然感到惊惧。

孔子说："那些不得志的君子不是很危险吗？跟随君主附和世俗，则道废；违背君主远离世俗，则身危。时代不宣扬善行，偏偏要追求善，则是反常。"

孔子说："贤人既不能逢天时，又怕不能终养天年，夏桀杀龙逢，商纣杀比干，都是这种事。《诗经》说'谁说天很高？走路不敢不弯着腰。谁说地很厚？走路不敢不蹑着脚'。这是说上下害怕出错，无容纳自己之处。"

孔子说："如果能让我多活几年，五十岁学《周易》，就能没有大错了。"

鲁定公六年，孔子四十八岁。

阳货发动政变后，鲁国出现了大臣专权的局面。因此鲁国自大夫以下都不守礼分，超越职权违背了正道。

阳货延揽人才，想拉拢孔子，但孔子不想见他。阳货故意趁孔子不在时，送来烤乳猪，要孔子依礼回拜答谢。

弟子说："老师，阳货趁您不在时，送来烤乳猪。"

孔子说："我只好依礼去回谢了。"

孔子趁阳货外出时，登门叩谢，不巧在途中碰上阳货。

阳货说："过来，我跟你讲几句话。保留学问不肯拿出来治理国家，算是仁吗？"

孔子说："不可以。"

　　阳货说："一个人希望出来为国做事，但屡次失掉机会，算是智吗？"

　　孔子说："不可以。"

　　阳货说："时间过得真快，岁月是不会等人的呀。"

　　孔子说："是啊，我打算出来做官呀！"

　　孔子虽然口头应付，但拒绝辅佐阳货。

五十出而仕之

鲁定公八年，孔子五十岁。

费邑的邑宰公山不狃是季桓子非常器重的家臣，曾与阳货一起办过季平子的丧事。季桓子才于鲁定公五年派他担任费宰。但三年后，公山不狃与季桓子不和，他便以费城为根据地反叛季氏。

公山不狃想有所作为，便派人请孔子前往费邑辅助。孔子依循治国之道已经很久，但抑郁不得志，无人重用自己，孔子准备前往。

子路知道了，不高兴地说："没有地方去就算了，为什么一定要去公山不狃那里呢？"

孔子说："他们请我去，难道会白跑一趟吗？如果有人肯用我，我就要在东方复兴周礼，建立一个强盛的东周。"

子路说："从前我听老师说过'亲身为非作歹的人那里，君子是不去的'。现在公山不狃占据费邑反叛，你却要去，这是为什么呢？"

最后孔子还是同意子路的意见，没到费邑辅助公山不狃。

鲁定公九年，孔子五十一岁。

费城邑宰公山不狃在季桓子手下不如意，于是就利用阳货作乱，打算废掉季孙氏、孟孙氏、叔孙氏三桓，另立阳货喜欢的庶子。于是便联合不得志的叔孙氏庶子叔孙辄，一起把季桓子抓了起来。季桓子用计骗了他，才得以逃脱。

鲁定公九年，阳货执掌鲁国政权。处处感受到季氏为首的三桓掣肘，就想取代三桓，把他们的势力连根拔除。

阳货说："将三桓灭了，由我取而代之。"

部下们说："是。"

鲁定公九年六月，三桓为了政治生命，联合起来跟阳货作殊死战，阳货终于被三桓打败。阳货派人焚烧莱门，鲁军惊恐，阳货乘机突围而出，逃到齐国。

对于这整件事，孔子感叹说："不懂天地法则，就不能当君子；不知道礼仪，就不能立身处世；不善分辨话语，就不能了解别人。"

后来听说阳货又到齐国作乱，被齐人抓起来，阳货又趁机逃到晋国，当赵简子的家臣。

孔子说："赵家的后代恐怕会有动乱了。"

这一年，季孙氏向鲁定公推荐孔子。

鲁定公任命孔子为中都宰。

孔子才到职一年就很有绩效，四方官吏都模仿他的政治。

鲁定公问孔子："如果用您的施政方法治理鲁国，会怎么样？"

孔子回答说："采用我的施政方法，就连天下也足以治好，更何况治理好鲁国呢？"

鲁定公说："好，现在将你由中都宰升任为司空，进入中央参与国事。"

孔子说："遵旨。"

鲁定公十年，孔子五十二岁。

这年，鲁定公欲与齐国修好，想跟齐国举行会盟。

齐大夫黎锄警告齐景公说："鲁国用了孔丘，他将鲁国治理得很好，鲁国强盛便会危害齐国。孔丘知礼而无勇，会盟时用莱人劫持鲁侯，孔丘一定没有办法应付。"

齐景公说："就这么办！派使者去约鲁君来做和好的会盟。"

黎锄说："是的。"

齐景公便遣使者到鲁国，鲁国臣子报告："齐景公遣使约我们会盟于峡谷。"

鲁定公说："好极了，准备轻车上路，到峡谷会盟。"

孔子说："且慢，我听说文事必有武备，有武事者必有文备。从前诸侯出自己国境，一定带必要官员随行，请你也带左右司马一道去。"

鲁定公说："好，任命你为盟会的代理司仪。"

鲁定公带了孔子与左右司马，出发到峡谷会盟。

齐鲁两君在峡谷相会，双方举行相见礼和献酬礼。礼毕，双方一起写盟书。

齐国在盟书上加写了一条："齐国军队到国外作战时，鲁国要派三百辆兵车，协助齐国军队作战。"

孔子不甘示弱，也在盟书上加写一条："齐国应将以前侵占鲁国汶水以北的郓邑、瓘邑、龟阴邑归还鲁国。"

齐景公心有不甘："可恶。"

黎鉏说："大王，动手吧。"

齐景公说："好。"

黎鉏高举右手："请奏四方之乐。"

几十位手持刀枪旗帜的赤身蛮夷，立刻冲上盟会台，在鲁定公面前一阵乱舞，想伺机劫持鲁定公。

孔子挺身制止："住手！"并对齐景公说，"两国之君为了修好而来会盟的，哪用得着这种野武乐？请他们下去吧！"

齐景公只好下令："武乐退下，演奏宫中之乐。"

于是许多戏子侏儒都上台表演，搔头弄姿，载歌载舞。

孔子又出面制止："盟会是国际大典，怎可如此胡闹？迷乱诸侯罪当正法，请下令管事执行吧。"

齐景公只好下令，杀了台上的戏子侏儒。

盟会结束之后，齐景公准备设享礼款待鲁定公。

孔子说："齐国和鲁国从前的典礼制度，您没听过吗？盟会结束不设享礼，是为了不让办事人辛苦。享礼是用来发扬光大德行的。不能发扬光大，还不如不举行。"

齐景公看孔子态度严正，不由得敬畏动容，而没有举行享礼。

景公回国后，内心很不安，他对大臣说："鲁以君子之道辅助国君，你们却以夷狄之道怂恿我，因而失礼，这下怎么办？"

黎锄说："小臣该死！"

大臣说："君子有过，就用具体事物来谢罪；小人有过，则用敷衍回报。君上如果心里不安，就只好谨守盟约吧。"

齐景公说："好吧！把郓邑、瓘邑和龟阴邑归还给鲁国，用以谢罪。"

大臣说："是。"

那年冬天，齐国归还了郓邑、瓘邑和龟阴邑的土地。

鲁定公十一年，孔子五十三岁。

鲁定公问孔子："国君使唤臣子，臣子侍奉国君，该怎样才可以呢？"

孔子说："国君使唤臣子要有礼，臣子侍奉国君要尽忠。"

鲁定公问："一句话，就可以使国家兴旺，有这样的话吗？"

孔子说："有人说'做君难，做臣不易'。如果真能知道做君难，不就是一言而兴邦吗？"

鲁定公又问："一句话，就可以使国家灭亡，有这样的话吗？"

孔子说："有人说'当国君的快乐，就是说什么话都无人敢违抗'。如果说的话正确而无人敢违抗，当然很好！如果说的话不对却无人敢违抗，不就是一言而丧邦吗？"

鲁定公说："说得好，说得好。"

鲁定公想任命孔子为大司寇，准备召集孟孙、叔孙、季孙跟他们商议。

鲁定公先跟左丘明商量："我想任命孔子为大司寇，并且把鲁国政事权授给他，我还想问问那三桓的意见。"

左丘明说："孔子可以说是个圣人，圣人主政，无论谁犯错就得离职位。大王想跟三桓商量，他们不会同意吧？"

鲁定公说："你怎么知道的？"

左丘明说："三桓是既得利益者，你跟他们商量，有如与狐谋皮、与羊谋肉一样，他们怎么会同意呢？"

鲁定公于是决定不与三桓商议，直接召请孔子到朝上，孔子跪于殿前。

鲁定公命令道："仲尼，你是宋父的儿子，弗父何的远孙，你是鲁国的孔丘，我任命你为大司寇。"

孔子谢道："遵旨。"

孔子由司空升为大司寇，从此鲁国大治。

孔子当大司寇时，有父子二人来打官司，孔子将父子二人羁押同一牢房，经过三个月也不判决。那位父亲提出撤销诉讼，于是孔子就把这父子二人放了。

孔子说："审判案件我跟别人一样，最想做的是使人人都打消打官司的念头。"

季桓子对孔子的判决很不满。他对孔子说："你应该杀了这个儿子。"

孔子说："不能杀，百姓还不知道子告父是一种不良行为。"

季桓子说："你曾说治民以孝为本，如今杀了这个儿子，不就是铲除不孝行为吗？"

孔子说："不孝又不教育就杀了，是虐杀无辜。军队打了大败仗不可以诛杀士兵，牢狱审判没管理好不可以处刑。"

孔子实施先教化后用刑罚，先陈述道理使百姓畏服。

之前鲁国有个名叫沈犹的羊贩，清晨用水将羊灌饱，增重欺诈买家。

有个名叫公慎的人，妻子淫乱他也不管；有个名叫慎溃的人，生活奢华超过礼法；鲁国贩牲口的商人，借机炒作抬高售价。

孔子当政时，沈犹不敢再卖灌水羊；公慎休掉妻子；慎溃逃出国境迁居别国。

鲁国一些专干非法勾当的不肖之徒，都自动改过或离开鲁国。由于孔子以德感人，以礼教民，社会上都尊敬老者。行人男女都分开走路，并且路不拾遗，夜不闭户。

孔子参与国政才三个月，贩羊卖猪的商人就不敢哄抬价钱。四方旅客来到鲁国，不向官吏请求也会得到亲切的照顾。

鲁国有一个节俭吝啬者，用瓦锅煮食物，吃起来自认为味道很美。于是用一个小土钵，装了一些瓦锅煮的食物送给孔子。

孔子接受了食物，高兴得有如接受了牛羊佳馈。

子路说："小土钵是很差的器物。用瓦锅煮出来的食物也没有什么味道。老师您为什么那么高兴呢？"

孔子说："喜欢劝谏的人总会想到国君，吃到好东西的人总会想到亲人。我看重的不是盛食物的器具，而是他吃到好东西时想到了我。"

孔子的马厩被火烧了，孔子退朝回来，问道："烧伤人了没有？"

不问马有没有烧伤。

孔子又急忙拜谢前来慰问的乡人，乡人慰问之后，孔子再一一回拜。虽然马厩被烧不是大祸灾，但也是相互哀悼之道。

鲁定公十二年，孔子五十四岁。

这年夏天，孔子对鲁定公说："卿大夫家中不能私藏兵甲，封地不能建筑百雉都城，这是古代的礼制。而季孙氏、叔孙氏、孟孙氏的城邑都逾越礼制，请削减他们的势力。我希望把军权收归国有，建议把费邑、郈邑、成邑三桓的三都毁掉。"

鲁定公说："好。"

于是孔子便对三桓说："我打算拆掉你们三家封邑城墙，以免再发生阳货事件。"

孔子说："大夫执掌国家大权，大夫的主管又数次叛乱，就得定罪。县邑中有坚固的城池，封地里收藏着甲兵，原因就在这里。"

郈邑是叔孙氏的封地，费邑是季孙氏的封地，郈邑与费邑多次叛乱反抗朝廷，叔孙氏与季孙氏为削弱家臣势力，都支持孔子的主张。

叔孙氏说："把三邑城郭拆了也好，免得家臣在封地进行叛乱。"

于是叔孙先把郈邑的城墙拆了。

季孙氏也下令："公山不狃，即刻将军队撤离费城，我要拆掉费城。"

这时子路担任季氏的家臣之长，准备毁掉三都。

公山不狃跟叔孙辄讨论："可恶！季孙氏准备毁了我们的根据地，这该怎么办？"

叔孙辄说："不妙，他怕我们坐大。"

公山不狃说："一不做，二不休，举兵跟他们拼了！"

于是公山不狃、叔孙辄率领费邑人袭击鲁国国都。

子路得知叛军消息，急忙回报："不好了！公山不狃率领费邑的军队叛变了。"

鲁定公和季孙等三人避入季氏的宫室，登上武子之台。费邑人进攻，没有攻克。

费邑人攻到鲁定公附近。

孔子站在高台，下令："孙句须、乐颀！率兵下台攻击他们。"

费邑人败北。国人追击，在姑蔑打败他们。

公山不狃、叔孙辄逃奔齐国。终于顺利地把费城拆了。

孔子准备继续拆成城，但成城邑宰公敛处父对孟孙氏说："拆了成邑的城，齐国必攻打鲁国北边门户，况且成邑是孟孙氏的保障，没有成邑等于没有孟氏了，我打算抗命不拆。"

孟孙氏暗中支持公敛处父。堕三都的行动半途而废。

十二月，定公率兵包围成城，但没有攻下来。

鲁定公十三年，孔子五十五岁。

孔子以大司寇的职务，并兼任相国代理执政，脸上露出得意的笑容。

子路对孔子说："听说君子祸事临头，不慌张恐惧，好事到来也不喜形于色。"

孔子说："是有这句话，但是不也听说过'乐其以贵下人'的话吗？"

孔子执掌朝政七天，就在宫阙门外高台，诛杀了扰乱朝政的大夫少正卯，还在朝廷暴尸三日。

学生们都很担心，进来问孔子说："少正卯是鲁国著名人士，先生才刚治理政事为何就先杀了他？"

孔子说："少正卯言论足以造成邪风，他的智谋足以迷惑群众，他是小人中的枭雄，不可不杀。"

孔子处死少正卯之后，鲁国的社会邪风就被阻绝了。

这时，公伯寮在季桓子面前毁谤子路。子服景伯告诉孔子这件事。

孔子说："季桓子虽被公伯寮迷惑，但我还有足够的力量，可以把公伯寮杀了陈尸街头。"

孔子说："如果大道能实行是天命；如果大道将被废止也是天命。公伯寮能把天命怎么样呢？"

各国听到鲁国大治，都担心起来。

大臣对齐景公说："孔子主政下去，鲁国一定会称霸，齐与鲁最靠近，会先并吞我们。应设法破坏他们的改革，选一些漂亮的少女送给鲁君吧。"

齐景公说："好吧！就这么办。"

于是齐国派人送八十位美女、一百二十四骏马给鲁君。

季桓子说："景公送来歌舞伎和骏马，现在安置在鲁城南面高城外边。"

鲁定公高兴极了："我们去看看。"

鲁定公与季桓子果然沉迷其间，整日观看玩赏，荒废朝政。

子路对孔子说："老师，我们可以离开了。"

孔子说："鲁国马上要进行郊祭，如果国君还给大夫馈送祭祀烤肉，这还不算废了朝中常礼，我还可以再待在这儿。"

然而鲁定公与季桓子君臣两人，天天沉溺于声色之中，日益荒淫。有时三天都不上朝听政。春祭大典分祭肉给大夫，独独没分给孔子。

子路说："老师，季桓子的意思表达得很清楚，我们走吧。"

孔子说："阳货余党完全清除了，季孙氏地位巩固，不会再重用我了，鲁君又毫无实权，走吧，我们走吧。"

于是孔子便离开鲁国出走了。

　　鲁定公十三年十月清晨，孔子站在书桌前方，双手作揖，恭敬地将辞呈置于桌上。孔子辞去鲁国大司寇职务，转身默默地离开大司寇公堂。

　　孔子带着简单家当走出家门，登车与随行弟子驾牛车孤寂缓慢地前进。子路骑马等在路口，待牛车通过之后再默默跟上。一路上颜回、曾皙、冉求、仲弓，越来越多的弟子一个个由四面八方慢慢加进来，渐渐地变成一串长长的队伍。

　　这时弟子们自发性齐声唱诵：

　　学而时习之，不亦说乎？

　　有朋自远方来，不亦乐乎？

　　人不知，而不愠，不亦君子乎？

　　巧言令色鲜矣仁！

　　道千乘之国，敬事而信，

　　节用而爱人，使民以时。

　　弟子，入则孝，出则悌，

　　谨而信，泛爱众，而亲仁。

　　行有余力，则以学文。

　　沿路的鲁国民众看到这感人画面，都默默流泪送别孔子。

当晚，孔子一行人在城外屯地过夜，鲁国乐师师己来为他
送行。

师己说："先生，不是您的过错。"

孔子说："你弹琴，我唱歌，我们合唱一首？"

师己说："行。"

于是孔子唱道：

彼妇之口，可以出走。

彼妇之谒，可以死败。

盖优哉游哉，维以卒岁！

那些妇人的口，可以把大臣和亲信撵走；

接近那些妇女，可以使人败事亡身。

悠闲啊！悠闲！我只有这样安度岁月！

众人听了，都很感伤。

第二天清晨，一行人准备离开鲁国时，孔子转身面对鲁国，
五体投地跪拜亲吻鲁国的土地良久，孔子热泪盈盈地低头祝诵：
"这片养我、育我的土地啊！仲尼要走了。"

孔子抬头仰望泰山叹道："巍巍泰山啊！请您庇佑我鲁国这母

亲。泰山啊！我走了。"

　　然后，起身坐上牛车朝向卫国出发，孔子边走边弹唱自己所作的曲子《将归操》：

　　翱翔于卫，复我旧居。

　　从吾所好，其乐只且。

　　飞翔于卫国蓝天，跨过旧居。

　　从吾所好，快乐陶然陶陶然。

　　巍巍泰山孤寂地矗立于车队上空，几只飞鸟在天空鸣叫，像是在为孔子的离去哀声叹息。

　　师己返回曲阜后，季桓子问他："孔子说了些什么？"

　　师己如实相告。

　　季桓子长叹一声："孔子离开鲁国，是怪罪我们接受了齐国那群歌舞伎啊！"

鲁定公十三年，孔子五十五岁。

　　孔子一行人抵达卫国边界仪邑，镇守仪邑边界的长官求见孔子，仪邑的长官说："君子到这里，我都要求见。"

他见了孔子，出来之后说："孔子的弟子们，不要在意官职，天下无道已经很久了，老天要你们的老师成为天下的圣人。"

卫国首都帝丘建筑华丽，人车壅塞，一片繁荣景象。

孔子一行人抵达卫都，冉求为孔子驾车。看到卫国人口很多，非常繁华。

孔子说："卫国人民真多啊！"

冉求说："人民多了，该做什么？"

孔子说："使他们富起来。"

冉求说："人民富了之后，又该做什么？"

孔子说："教育他们啊！"

卫灵公为一代诸侯的佼佼者，由于他擅长识人，知人善任，提拔三个大臣仲叔圉、祝鮀、王孙贾，将卫国治理得很好。仲叔圉主管外交、祝鮀管理宗庙、王孙贾统率军队。

这次孔子到卫国，由王孙贾负责接待。

王孙贾问："与其祈祷奇迹，不如祈祷神明的赐福，是什么意思？"

孔子说："两者都不对。如果犯滔天大罪，怎么祈祷也没有用。"

接着，卫灵公于朝上接见了孔子。

卫灵公问："有人说'君主策划国政于朝廷，就能治理好国家'。您认为怎样？"

孔子说："应该可以。爱人者则人爱之，恶人者则人恶之，能从自身得到启发，就能从别人身上得到启发。不出门能知天下者，就是能自我反省的人。"

卫灵公问："你在鲁国的官俸多少？"

孔子说："粟子六万小斗。"

卫灵公说："我也比照鲁国，给你粟子六万小斗。"

孔子说："谢谢。"

孔子寄住于子路的妻兄颜浊邹家中，暂时在卫国安顿下来。

卫国大夫公叔文子是孔子敬仰的贤者，公叔文子是卫献公的孙子。

鲁定公六年二月，鲁定公侵入郑国夺取匡地，这是为了晋国去讨伐邾国而攻打胥靡。

去的时候不向卫国借道；等到回来的时候，阳货让季桓子、孟懿子从卫国都城南门进入，从东门出去，驻扎豚泽。

卫侯大怒，派弥子瑕追赶他们。

原本已经退休的公叔文子坐车去见灵公，公叔文子劝卫灵公说："不要效法阳货，让阳货作恶增多自行灭亡。"

卫灵公说："好吧，就依你的建议。"

由于公叔文子出面建言，才化解了这场卫鲁之战。

孔子在卫国向公明贾打听公叔文子。

孔子说："公叔文子真的不说、不笑、不取吗？"

公明贾说："这话说得过分了。公叔文子该说时才说，人不厌其说；快乐时才笑，人不厌其笑；该取时才取，因此人不厌其取。"

孔子说："原来如此。"

公叔文子的家臣撰是贤才，他推荐撰当卫国大夫，与他平起平坐。

孔子知道这件事以后说："公叔文子气度这么好，将来可以用'文'谥号了。"

孔子在卫国大约住了十个月，因有人在卫灵公面前进谗言，卫灵公对孔子起了疑心，派公孙余假公开监视孔子的行动，孔子担心会出事惹祸，便离开卫国前往陈国。

经过匡邑时，颜刻替孔子赶车。

颜刻对孔子说："以前我跟阳货就是从那缺口攻进来的。"

旁边的匡人听到了，误以为阳货真的又来了，大叫："不好了！阳货又来了，阳货这坏蛋又来了！"

阳货曾欺虐匡人，孔子又长得很像阳货，匡人就把孔子一行人围困起来。

孔子说："周文王已经死了，文化不就在我这儿吗？如果天意要毁掉文化，我死了，后人便不能了解文化了。如果天意不想毁掉文化，匡人又能把我怎么样呢？"

子路大怒，举起戟要与匡人战斗，孔子制止子路。

孔子说："哪有修仁义而不原谅世俗之恶呢？不研究诗书，不学习礼乐，是我的过错。如果把传述先王、爱好古代美德当成罪恶，就不是我的罪过。这大概是命吧！"

颜刻说："匡人围困不退，该怎么办？"

孔子说："不要怕，拿出琴来。"

颜刻说："是。"

孔子说："子路啊！我弹琴你舞剑，我们一起表演琴舞。"

子路拔剑笑道："是的，老师。"

孔子便开始弹琴，唱着自己创作的乐曲《琴操》：

习习谷风，以阴以雨。

之子于归，远送于野。

何彼苍天，不得其所？

逍遥九州，无所定处。

世人暗蔽，不知贤者。

年纪逝迈，一身将老。

习习冷冽谷风，时而阴时而雨。

伊人远嫁他乡，送别直到郊野。

且问茫茫苍天，斯人不得其所？

逍遥偌大九州，为何无所定处？

世人愚昧无知，不识出世贤者。

年月悄然逝去，一身随之老朽。

子路持剑跳舞，一边应声和唱，优美的琴音传到外面。

匡人听到了，说："阳货是个粗人，怎么会弹琴？"

"他怎么会那么镇定，还弹琴呢？"

"这个人不像阳货嘛。"

于是派人打听，才知道是一场误会。

匡人说："对不起，我们误以为你是阳货，认错人了。"

被匡人围困十五天后，终于自动解围了。

孔子对子路说："没看到高崖，怎知到从崖顶坠落的灾祸？没靠近深渊，怎知道溺水的灾祸？没观看大海，怎知道海浪的灾祸？失掉性命不就在此吗？士人慎重看待这三者，自己就不会身陷灾祸！"

　　颜回在慌乱中失散了，之后才回来会合。

　　孔子说："我以为你在乱中遇害了。"

　　颜回说："老师您还健在，我颜回怎敢轻易地死去呢？"

　　于是孔子就离开了匡，再回到卫国。一行人路过蒲地时，刚好遇上公叔氏占据了蒲邑背叛卫国，蒲人就留住了孔子。

　　有位名叫公良孺的门生，带了五辆车跟随孔子周游各地。公良孺身材高大，有才德，且有勇力。

　　公良孺说："我公良孺跟着老师在匡遭难，如今又在这里遇上危难，这是命吧？我和老师一再遭难，宁愿跟他们拼死算了。"

　　蒲人跟孔子说："这样好了，我们立个约，你们离开蒲邑之后不去卫国，就放你们走。"

　　孔子说："好吧，一言为定。"

　　蒲人说："大家让路，让他们离开！"

　　孔子一行人离开蒲邑，孔子说："别理会诺言，我们往卫国走。"

　　子贡说："老师，约定好的条件可以不遵守吗？"

　　孔子说："在胁迫下订的盟誓，神明是不会认可的。"

　　子贡说："是的，老师。"

　　孔子说："君子固守正道，却不拘泥不择是非轻重的小信。"

鲁定公十四年，孔子五十六岁。

卫灵公听说孔子来了，很高兴，亲自出城迎接。

卫灵公问孔子说："蒲可以讨伐吗？"

孔子回答说："可以。"

卫灵公说："我的大夫认为不能伐蒲，因为蒲是卫国与晋楚之间的屏障，攻打蒲邑，不利于卫国的边防。"

孔子说："蒲邑的男子誓死效忠卫国，妇女有守卫西河的决心。我所说的讨伐，只是四五个蒲邑的叛乱分子而已。"

卫灵公说："很好。"

但卫灵公还是没出兵讨伐蒲邑的叛乱，他年纪已经很大了，老得懒于处理政务，也不起用孔子。

孔子感叹道："如果有人用我来掌理国政，一年就会有成效，三年就能有具体成果。"

这段时间孔子寄住在蘧伯玉家中，蘧伯玉是卫国大夫，他自幼聪明过人，饱读经书，能言善辩，外宽内直，生性忠恕，虔诚坦荡。

蘧伯玉每一天都思考前一天所犯的错误，力求使今日之我胜于昨日之我；他每一年都要思考前一年的不足，当他五十岁那年，仍然在思考四十九岁之前所犯的过失。

蘧伯玉与孔子一生为挚友。二人分别仕于卫和鲁时，曾互派使者致问。这次孔子从外地回到卫国，蘧伯玉已年高隐退，二人更是无事不谈。

孔子说："蘧伯玉可算是君子啊！国家政治清明时，他就出来做官；国家政治昏乱时，就收藏起自己的才能隐退。"

有一天，蘧伯玉派人来拜望孔子。孔子请使者坐下，然后问使者说："蘧先生最近在做什么？"

使者回答说："先生设法减少自己的缺点，却苦于做不到。"

使者走了以后，孔子说："好一位使者啊！他很了解蘧伯玉啊！"

孔子感叹说："知识方面我算还不错，品德修养方面我还做得不够好。"

孔子借用蘧伯玉的家设帐授徒，很多卫国子弟到学堂拜孔子为师，卫国一位家境富裕、拥有千金财产、善于做生意的子贡也来跟孔子学习。

子贡拜孔子为师后，问孔子说："所有的乡人都喜欢他，怎样？"

孔子说："还很难说。"

子贡又问："所有的乡人都厌恶他，怎样？"

孔子说:"还很难说。最好的人应该是,全乡的好人都喜欢他,全乡的坏人都讨厌他。"

子贡问:"老师,您觉得我怎么样?"

孔子说:"你像个有用的器物。"

子贡问:"像什么样的器物?"

孔子说:"就像宗庙里的宝器瑚琏呀!"

子贡问:"请问什么是为政之道?"

孔子说:"粮食充足,军备充实,人民信任政府。"

子贡问:"在不得已的情况下,这三项哪一项可以先去掉?"

孔子说:"先去掉军备。"

子贡问:"再不得已,剩下的两项哪一项可以去掉?"

孔子说:"去掉足食这一项。自古以来,人总免不了一死的,可是假如政府失信于民,什么都无法建立。"

子贡说:"是的,老师。"

孔子说:"子贡啊,你以为我是学得多,才记得住的吗?"

子贡说:"对啊!难道不是吗?"

孔子说:"不是,我是用一个基本思想贯彻始终的。"

子贡问孔子说:"请问君子以白玉为贵,以彩色美石为贱,这是为什么呢?是因为白玉少而彩色美石多吗?"

孔子说："并不是因为白玉少就认为它贵重，也不是因为彩色美石多而轻贱它。从前君子把德行比作玉。玉温润有光泽，像仁；细密坚实，智也！有棱角不伤人，像义；悬垂下坠，礼也！敲打它，声音清脆悠长，最后戛然而止，乐也！玉性瑕不掩瑜，瑜不掩瑕，忠也！玉色晶莹剔透，光彩四溢，信也！玉白润透光，气有如长虹，天也！玉的精气显现于山川之间，地也！朝廷以玉制圭璋作为凭信，德也！天下莫不以玉为贵，像人们尊崇道一样。《诗经》说'想起那位君子，温和有如美玉'。所以君子以玉为贵。"

子贡说："如果有一块美玉，应该把它收藏在柜子还是给识货的人呢？"

孔子说："卖掉吧！卖掉吧！我正在等着识货的人呢。"

有一天，孔子在学堂的院子里击磬："砭！砭！砭！"

有一位背扛草筐的人从门前经过，扛草筐者说："这个击磬的人，有心思啊！"

接着又说："真可悲呀！砭砭的磬声，天下无人了解自己，只有自己了解自己。人生有如涉水过河，水深就穿衣渡河，水浅则撩起衣服涉水过去。"

弟子们听了很生气，正想追出去骂他。

孔子说："他说得真对啊，你们别去责问他了。"

又有一天，卫国大臣到蘧伯玉家中拜见孔子。

卫臣说："各国君子只要跟我国君有交情，必定会见卫夫人南子，我们夫人想见你。"

孔子答应跟卫夫人相见，孔子进入卫夫人宫室，向北跪拜行礼，卫夫人在帷幕里回拜答礼。

孔子出来之后，子路很不高兴地说："这种女人有什么好见的？"

孔子说："我本来不预备见她，既然不得已见了，就得还她以礼。"

孔子说："我若有丝毫不光明之处，让上天罚我吧！让上天罚我吧！"

过了一个多月，有一天卫灵公和夫人同坐一辆车子游市区，孔子和宦官雍渠乘坐由颜刻驾的第二辆车跟着。

车子经过闹市时，卫国民众相互推挤观看南子："好美！""美极了！""好漂亮！"

很少有人往后看孔子，孔子感到耻辱。

颜刻说："老师为何为此羞耻呢？"

孔子说："《诗经》说'宴尔新婚，以慰我心'。"

孔子叹道："我没见过喜好美德如同喜欢美色一样的人啊！"

颜刻说："的确如此。"

孔子对这一切感到失望，就离开卫国前往晋都中牟。

佛肸原本是晋国大夫赵简子的家臣，后来佛肸当了晋都中牟宰。赵简子攻打范氏、中行氏，讨伐中牟时，佛肸占据中牟发动叛乱。

佛肸把一口大鼎放在庭院里，告诉士大夫们说："顺从我的人接受封邑，不顺从我的人将他烹死。"

中牟城的人都顺从了他。城北剩下一个男子名叫田卑。只有他最后到，撩起衣服准备自己投入鼎中。

田卑说："按道义应该死，就不逃避斧钺的惩罚；不该接受高官厚禄，违背道义而生存，还不如下油锅。"

佛肸被他正义凛然的态度感动了，便出手制止他。

后来，佛肸想以中牟为基础反叛赵简子，便派人召请孔子。孔子准备去中牟邑会见佛肸，子路非常不满。

子路说："我听老师说过'做坏事者之处，君子是不去的'。现在佛肸占据中牟反叛赵简子，您还想去，这是为什么呢？"

孔子说："我是说过这句话。但我不也说过'坚硬之物磨不薄；洁白之物染不黑'。难道我只是中看不中吃的匏瓜？怎能老是挂着不给人吃呢？"

最后，孔子还是尊重子路的意见，没去中牟会见佛肸，决定先回鲁国。

后来，赵简子打败佛肸平定中牟，听说田卑不肯附和叛贼，要赏赐他。

田卑说："我听说正直的人不使别人受羞辱，如果我领受平定中牟的功劳，那么中牟的人终身都会感到羞愧，如果我以自己的德行凌驾他人之上，是不道德的。"

他推辞了赏赐，背着母亲向南迁移到楚国。楚王敬重他能坚持道义，以司马的职位接待他。

孔子返回鲁国的半路上，把车停在桥上，跟子贡一起走到岸边欣赏风景。

孔子与子贡在河边，看着河水滔滔向东流。

孔子感叹说："世间一切的消逝，也就是像这样的吧！不分日夜，永无止息。"

子贡说："是啊，时光荏苒，永不止息。"

孔子说："君子应该时常观水。"

子贡问："为何君子要观水？"

孔子回答说：

"因为河水奔流不息，带来生命而不居功，水像德！水曲直流动，遵循一定之道。水像义！水广大无边，无有穷尽之时。水像道！水流向百丈深谷，无所畏惧。水像勇！水作标准衡量时，必持水平。水像法！水注满量器后不需要利平。水像正！"

孔子说："水有这些品德，君子见到水，便非观赏不可。"

这时，孔子看到前方岸边有个瀑布高三十仞，瀑布下面翻腾水流九十里长，鱼鳖鳄鱼不敢居，但有一个男子却准备游过去。

孔子便派子贡到岸边劝阻，子贡跑到岸边对那个人高喊："这瀑布高三十仞，下面翻腾水流九十里长。连鱼鳖鳄鱼都不敢居，是难以游过去的。"

然而，那位男子不把子贡的话放在心上，很快就游过去了。

孔子问他说："你这是巧技呢，还是有道术？为何你能在急流中出入？"

男子回答说："我进入水中时，心存忠信之心；从水中出来时，也心存忠信之心。是忠信之心使我平安进出于急流，我不敢存有私心，这就是我能出入急流的原因吧！"

孔子对弟子们说："你们记着，水都能使人凭忠信之心而亲近它，何况是人呢！"

有一天，孔子在路上遇到郯国贤士程子，于是把车伞靠在一起交谈一整天，谈得非常融洽。

孔子对郯国文化原本就非常景仰，孔子年轻时，郯国国君郯子曾朝拜鲁国，当时孔子感叹说："我听说天子丧失官学，学问存四夷诸侯。今天听了郯子一席话，证明这话真实可信。"

难得有机会遇上郯国贤士，孔子很高兴，便回头对子路说："拿一本书送给程先生。"

子路说："我听说君子没经人介绍就与人见面，如同女子没有媒人就嫁人，是不合乎礼制的。"

过了一会儿，孔子又回头对子路说："拿一本书送给程先生。"

子路又说："依礼规定，君子没经人介绍，是不可以互相交往的。"

孔子说："子路！《诗经》不是也说过'有美一人，清扬宛兮。邂逅相遇，适我愿兮'。眼前这位程先生，是天下贤士，在这里不送书给他，以后便再也见不到了。你赶快拿本书送给程先生吧。"

子路说："是的，老师。"

鲁定公十五年，孔子五十七岁。

这一年，孔子离开卫国回鲁国居住，从远方来向他学习的人越来越多了。

孔子说：

"只有最聪明和最愚蠢，是不可以改变的。"

"生下来就知道的，是上等资质；经过学习然后知道的，是次一等资质；发愤苦学逐渐通晓，是再次一等的；至于下苦心才能学得会却懒惰不学，是最下等的了！"

"知道要学习，不如爱好学习；爱好学习，不如能自得其乐学习。"

"学习而不思考，还是惘然无所知；空想而不学习，不可能累积知识。"

"坚定信念，努力学习，誓守善道，危邦不入，乱邦不居。天下有道就出来做官；天下无道便隐居。治世中贫贱是耻辱；乱世中富贵也是耻辱。"

"先学习礼乐而后再做官的人是平民；先当官再学习礼乐的是贵族子弟。选用人才，我主张选用先学习礼乐的人。"

"我并不是生下来就什么都知道的；我只是好读古书，用敏捷的心思勤快研究来的。"

"我曾经整天不吃，整夜不睡，专心思考，但徒劳无功，还不如认真去学习的好。"

"有一种人能凭空想象来创作，多听，选择其中所好；多看，用心记下来。我没有这种才能。我属于次等慧根的人。"

孔子问子路说："什么是智者？什么是仁者？"

子路回答说："智者使别人了解自己，仁者使别人热爱自己。"

孔子说："你可算得上是士人了。"

子路出去后，子贡进来。

孔子问子贡说："什么是智者？什么是仁者？"

子贡回答说："智者理解别人，仁者热爱别人。"

孔子说："你可算得上是士君子了。"

子贡出去后，颜回进来。

孔子问颜回说："什么是智者？什么是仁者？"

颜回说："智者有自知之明，仁者自尊自爱。"

孔子说："你可以算得上是贤明君子了。"

颜回说："学生不敢。"

孔子感慨地说："没人了解我啊！"

子贡说："怎么说没人了解您呢？"

孔子说："不埋怨天，不责备人，我学了些平凡的知识，从中领悟了高深的道理。了解我的，大概只有天吧！"

子贡说："老师讲授的学问，用心听便能学会；老师讲授的人性和天道，不是光靠听便能理解的。"

这年春天，郊隐公由齐国来朝拜鲁国。

邾隐公是邾国君主第十七代君主，他在位十九年，被吴国俘虏废黜，后来逃到齐国。

子贡特地赶到现场，观看邾鲁两国君主的拜会大典。

邾隐公高高地把玉举起，仰着头；鲁定公卑微地接受了玉，低着头。

子贡回来后，跟孔子说："从礼节来看他们，两位君主大概要死亡了。礼是生死存亡根本。率领左右与人交往，进退俯仰都应合乎于礼！朝拜、祭祀、丧事、出征，从中看出礼节。如今正月互相朝拜，都不合乎礼的法度。朝拜之礼不合法度，怎能活得长久？"

孔子说："你看出了什么？"

子贡说："头高仰是骄傲；头低俯是懦弱。骄傲近于作乱，懦弱近于生病。如果是君主，大概是死亡的先兆吧。"

这一年，邾隐公果然被吴国俘虏废黜，同年夏天五月，鲁定公死于寝宫，隔年正月，鲁哀公即位。

孔子说："子贡不幸言中，但子贡还是话多。"

鲁哀公元年，孔子五十八岁。

这一年，吴伐越，吴国在会稽打败了越王勾践，摧毁了越国国都会稽，得到一根骨头有一辆车长。

吴国派使者来问孔子："什么骨头最大？"

孔子说："大禹召集诸神到会稽山，防风氏迟到，大禹杀了他并陈尸示众，他的骨头一节就有一车长，这是最大的骨头了。"

吴国的使者又问："请问谁是守护神？"

孔子说："山川之神足以造福天下，守护山川的就是神。守护社稷的是公侯、王者。"

吴使又问："防风氏守护什么？"

孔子说："于汪罔氏之君，封山禺山的守护神姓厘。在虞夏商时代的守护神叫作汪罔，在周叫长翟，现在称之为大人。"

吴使问："他们身长有多高？"

孔子回答说："僬侥氏身长三尺，是最矮的了；身长三丈算是最高的了。"

吴国使者听了之后说："了不起呀，圣人！"

鲁哀公二年，孔子五十九岁。

鲁哀公二年，孔子由鲁国又回到卫国，一行人抵达卫都时，看见两个小孩在街上争辩。

孔子下车问道："你们在争辩什么？"

一个小孩说："我认为太阳升起时离人近，中午时离人远。"

另一个小孩说："我认为太阳刚出来时离人远，中午时离人近。"

第一个小孩说："早上的太阳大得像车伞，中午的太阳只有碗那么大，不是说远的小、近的大吗？"

另一个小孩说："太阳刚出来时很凉的，到中午时很热，不是说近的热、远的凉吗？"

孔子笑道："你们说的都有道理。"

孔子说："后生可畏。我们怎料得到他们的将来比不上我们呢？不过，如果一个人到四五十岁还没有成就，那么他便不足以敬畏了！"

孔子说："一个人四十岁时，还显现恶行，他的这一生也就做不出什么好事了！"

孔子回到卫国，再次寄住在蘧伯玉家中。

有一天，卫灵公召请孔子到殿上问政。

卫灵公问："请问，军队应该如何布阵？"

孔子说："关于祭祀典礼的事，我倒听说过；至于军队布阵，我却不曾学过。"

过些日子，卫灵公又和孔子谈话。

卫灵公说："可惜我老了，不能用你了。"

孔子说："噢，是吗？"

天上大雁飞过，卫灵公只顾抬头仰望大雁，神色不悦，并不注意孔子。

冉求在堂外问子贡说："老师会辅佐卫国国君吗？"

子贡说："嗯，等一下我问他。"

于是子贡便进去问孔子："伯夷、叔齐是什么样的人呢？"

孔子说："是古代的贤人。"

子贡又问："他们有怨悔吗？"

孔子说："他们求仁得仁，为什么有怨悔呢？"

子贡出来对冉求说："老师不会帮助卫国国君的。"

第二天，孔子对弟子们说："我们到晋国去吧。"

果然如子贡所言，孔子一行离开卫国往晋国出发，要过黄河到晋国会见赵简子。

晋国赵简子想称霸诸侯，他说："晋国有窦鸣犊与舜华，鲁国有个孔丘，只要除掉这三个人，那么我就可以图谋天下了。"

于是召请窦鸣犊与舜华，并把政事交给他们处理，最后又借机杀死他们两人。

赵简子派人依礼手执宝玉锦帛去请孔子，并偷偷跟使者说："等孔子上船，船渡到黄河一半时将其推下淹死他。"

使者说："是的，大王。"

这一天，孔子到了黄河边，听到窦鸣犊与舜华两位大夫被赵简子杀害的消息。

面对黄河，孔子感慨万千道："太美了，河水浩浩荡荡！我不能渡过黄河，这可能是命运吧！"

子贡说："这是为什么呢？"

孔子说："君子忌讳伤害同类，鸟兽对不义之行尚且避开，何况是我？"

孔子没上船渡黄河到晋都会见赵简子，掉转车头回卫国，创作《陬操》这首琴曲哀悼窦鸣犊、舜华两位贤人。

> 周道衰微，礼乐陵迟。
>
> 文武既坠，吾将焉归。
>
> 周游天下，靡邦可依。
>
> 凤鸟不识，珍宝枭鸱。
>
> 眷然顾之，惨然心悲。
>
> 巾车命驾，将适唐都。
>
> 黄河洋洋，攸攸之鱼。
>
> 临津不济，还辕息鄹。
>
> 伤于道穷，哀彼无辜。
>
> 翱翔于卫，复我旧庐。
>
> 从吾所好，其乐只且。

这年夏天，卫灵公死了，他的孙子辄立为国君，这就是卫出公。

六月间，赵简子把流亡在外的卫灵公太子蒯聩接到戚地。阳货让太子蒯聩穿上孝服，又让八个人披麻戴孝，扮成从卫国来接太子回去奔丧的样子进入戚城。

孔子在卫国时，有一天接到宋景公的邀请，便动身前往宋国。

宋国大夫子围引荐孔子去见宋国太宰，孔子拜见后，太宰问："您是圣人吗？"

孔子说："圣人我不敢当，我只是个博学多识的人。"

宋国太宰又问："三王是圣人吗？"

孔子说："三王善于任用聪明勇敢的人，至于是不是圣人我不知道。"

太宰又问："五帝是圣人吗？"

孔子说："五帝善于任用讲仁义的人，五帝是不是圣人我不知道。"

太宰又问："三皇是圣人吗？"

孔子说："三皇善于任用依靠时势的人，至于三皇算不算圣人我不知道。"

太宰听后大惊道："既然如此，那么谁算圣人？"

孔子说："西方有个圣人，不治理社会也不乱，不多话民风更真诚，不教化历史自发展，其德浩荡于天地之间，百姓无法称颂美名。我怀疑他可能就是圣人。"

孔子拜退之后，太宰感叹地说："孔丘是位圣人啊。"

三皇：燧人、伏羲、神农

五帝：黄帝、颛顼、帝喾、尧帝、舜帝

三王：夏禹、商汤、周武王

　　孔子与太宰会面相谈出来之后，子圉进去问太宰说："孔子怎么样？"

　　太宰说："我见了孔子，因此再看您，就觉得你像跳蚤那么渺小。我现在要推荐他去见国君。"

　　子圉怕孔子被国君看重，就对太宰说："国君见到孔子后，也会把您看成跳蚤那么渺小。"

　　太宰说："嗯，的确如此。"

　　宋国太宰因而不肯推荐孔子见国君。

　　宋景公与孔子原本同宗同族，宋景公知道孔子已抵达宋国境内，准备出城迎接孔子。宋国司马桓魋生怕孔子来了之后，会取代他的地位。

　　桓魋对宋景公说："孔丘在鲁为大司寇，却辞官出走，可见他的野心不小。孔子师徒不速而自来，狼子野心岂不昭然若揭？"

　　宋景公说："孔子是当今圣人，哪会做犯上作乱之事？"

　　桓魋说："不，请孔子入宋，无异于引狼入室。"

　　宋景公说："噢，是这样吗？"

桓魋竟然不经宋景公同意，带领人马到边境围困孔子。

孔子在宋国边境一棵大檀树下，为弟子们讲学。

桓魋骑战马冲进来，举剑指着檀树，高喊："孔丘！快给我滚开！再不走的话下场有如此树！"

说罢一挥剑，顷刻间，檀树轰然倒下。

弟子说："老师，我们走快一点。"

孔子说："上天既赋我道德使命，桓魋又能把我怎样？"

弟子说："老师，形势比人强，我们走吧。"

孔子与弟子们一行，便匆匆离开宋国边境，前往陈国。

鲁哀公三年，孔子六十岁。

孔子带着弟子们要到陈国，半路上看见一个孩子用土围成了一座"城"，自己坐在里面。

子路说："小童走开，别碍着路。"

小孩还是坐在小小城里，安然不动。

孔子下车问他："你看见车马经过，为何不躲开？"

那孩子回答："人们说您孔老先生上晓天文，下知地理，中通人情。"

孔子说："是啊。"

　　孩子说："自古到今，只听说车子躲避城，哪有城躲避车子的道理呢？"

　　孔子愣了一下，问："你叫什么名字？"

　　孩子答道："我叫项橐。"

　　孔子俯下身对项橐和蔼地说："后生可畏，我当拜你为师。"

　　然后回头对弟子们说："三人行必有我师矣。要不耻下问。"

　　一行人路经郑国时，孔子在郑国都城与弟子们失散了，独自在东门等候弟子来寻找。

　　有人告诉子贡说："东门那里站着一个人，额头像唐尧，脖子像皋陶，肩膀像子产，腰以下比禹短了三寸，一副疲惫的样子，有如一只丧家之犬。"

　　子贡终于找到孔子："老师！"

　　孔子笑着说："说我的形貌像谁像谁，实在不敢当。但说我像丧家之犬，真是对极了！真是对极了！"

　　孔子到了陈国，寄住陈国大夫司城贞子家中，陈侯湣公在馆驿招待孔子。

　　有一天，有很多只隼，掉落在陈国宫廷中死了，陈湣公派使者向孔子请教。

孔子说："隼来自很远的地方，身中肃慎之矢。从前周武王伐纣灭商，与各少数民族联系，九夷百蛮也不忘各族合力伐纣的义务。"

孔子说："肃慎族献出楛矢石砮，长一尺八寸。周武王为了显示他的美德，就把箭矢分给太姬，太姬后来嫁给陈国虞胡公。分给同姓珍玉，是为了重视亲族；分赠蛮族贡品给诸侯，是为令他们不忘服从周室。所以把肃慎族的箭矢分给陈国。"

陈潜公听了，命人到仓库中寻找，果然找到这种箭。

孔子到达陈国首都不久，陈潜公邀请孔子同登即将竣工的陵阳台。在此之前因工程缓慢，已有多人被杀，这次陈潜公又打算杀掉三名监工。

陈潜公问孔子："周文王时建造灵台时杀人吗？"

孔子说："文王建造灵台时，百姓如儿子替父亲干活，哪用得着杀人？"

陈潜公听后感到很羞愧，当众释放这三名监吏，并宣布工程停止。

这年夏天，五月二十八日，鲁国司铎官署发生火灾。火势越过哀公的宫殿，桓公和僖公庙被烧毁，南宫敬叔赶去救火。

消息传到陈国时，潜公正和孔子一起宴饮。

陈湣公说："鲁国的司铎官发生火灾，殃及宗庙。"

孔子说："殃及的宗庙一定是鲁桓公和鲁僖公的庙吧？"

陈湣公问："你如何猜测的？"

孔子说："如果祖宗有德，就不会毁坏宗庙；如今桓公和僖公与后代没有亲属关系，他们的功德不足以保存宗庙，鲁国不毁掉它们，所以老天降灾在他们身上。"

三天后，鲁国使节到了陈国，陈湣公问起这事，果然就是桓公和僖公的宗庙遭了灾。

陈湣公对子贡说："我今天才知道圣人的可贵。"

子贡回答："知道圣人可贵，还不如采用他的道，推行圣人的教化。"

这年十月，晋国赵简子攻打朝歌，楚国包围了蔡国，晋楚两国争强，一再来攻打陈国；蔡国迁移到吴地。吴王夫差也侵犯陈国，夺取三个城邑才退兵。

这年秋天，季桓子病重，乘辇车看见鲁城，感慨地长叹一声说："从前这国家几乎要兴旺了，但由于我得罪孔子，而没有兴旺。"

回头又对他的嗣子季康子说："我死后，你会接掌鲁国辅佐国君；你佐国君之后，一定要召回孔子。"

季康子说："是的，父亲。"

过几天季桓子死了，季康子继承了他的职位。办完丧事后，季康子想召回孔子。

大夫公之鱼说："从前先君鲁定公曾任用孔子，但没能有始有终，最后被诸侯耻笑。现在你任用孔子，如果也不能善终，会再次招来诸侯的耻笑。"

季康子说："那么应该召谁才好？"

公之鱼说："要召冉求。"

于是就派人召回冉求，冉求准备起身回鲁国。

孔子说："这次鲁君召冉求回去，不会小用，应该会重用他。"

子贡送行时叮嘱冉求说："你要是被重用了，要设法把老师请回去。"

冉求离去之后，孔子又从陈国移居蔡国。这年秋天，齐景公死了。蔡国也发生战乱。同年冬天，蔡国迁都到州来。齐国为了帮助卫国包围戚城，因为卫太子蒯聩以戚城为谋反卫国的基地。

几年前，蔡昭公向南拜见楚王，穿着羔裘皮衣，楚国丞相囊瓦向蔡昭公索求羔裘皮衣，蔡昭公不给。于是蔡昭公就被囚禁在南郢，三年以后才被放回去。

蔡昭公离开楚国来到黄河边，把一块玉璧丢进水中发誓："如果天下有谁要攻打楚国，寡人愿意做先头部队！"

楚王听说此事，非常生气，便派囊瓦兴师讨伐蔡国。蔡昭公听说伍子胥在吴国，准备到吴国求救，蔡国大夫公孙翩在半路射杀蔡昭公，蔡国便陷入动荡不安。

七十而从心所欲

鲁哀公六年，孔子六十三岁。

孔子在蔡国住了三年，在这段期间，孔子也陆续收了很多学生。

风和日丽的清晨，建于竹林中的孔子学堂，一大群学生正端坐长廊唱诵经文：

君子食无求饱，居无求安，敏于事而慎于言，就有道而正焉，可谓好学也已。

不患人之不己知，患不知人也。

诗三百，一言以蔽之，曰"思无邪"。

学而不思则罔，思而不学则殆。

有一天，颜回和子路在竹林草堂陪侍孔子。

孔子说："何不各说说自己的志愿呢？"

子路说："我愿意把我的马、车、衣、裘和朋友共用，就是用坏了也不怨恨。"

颜回说："我愿不夸耀自己的长处，不表白自己的功劳。"

子路说："我们也想听听老师的志愿。"

孔子说："我愿意让年老的人都能得到奉养而安乐，朋友之间互相信赖，年少的都能得到抚爱。"

子路说："哇！老师的志愿最高。"

孔子说："学生们，你们以为我对你们有什么隐瞒吗？我没有隐瞒，我没什么不是同你们一起做的，孔丘就是这样的人。"

又有一天，子路、曾皙、冉求、公西华陪坐在孔子身旁。

孔子说："不要因为我比你们年长而拘束。你们总是说'没有人了解我'。如果有人了解你们，那你们将怎样做呢？"

子路不假思索地答道："拥有一千辆兵车的国家，夹在大国中间，外有强敌，内有饥荒，让我治理三年，必能使人民个个有勇气，百姓人人讲道义。"

孔子听完微微一笑，然后接着问冉求："冉求，你怎么样？"

冉求回答说："方圆六七十里或五六十里的小国，让我治理三年，便可使老百姓人人富足。至于礼乐的教化，则有待君子来推行了。"

孔子问："公西赤，你怎么样？"

公西赤回答说："我不敢说能做什么，但我愿意学习祭祀和外交的事，我愿穿着礼服，当个小司仪。"

孔子问："曾皙，你的志向是什么？"

曾皙弹瑟正接近尾声，他铿的一声放下琴站起来说："我与他们三位不同。"

孔子说："说说有什么关系？只不过各自谈谈志向而已。"

曾皙说："暮春三月穿上春衣，约五六个好友，带上六七个童子，在沂水里洗洗温泉，在舞雩台上吹吹风，然后一路唱着歌走回来。"

孔子感叹说："我欣赏曾皙的情趣。"

其他三人走后，曾皙问："他们三人的话怎样？"

孔子说："只不过是各自谈谈志向罢了。"

曾皙问："那么老师您为何要笑子路呢？"

孔子说："治国需要谦虚礼让，子路的话一点也不谦虚，所以笑他。"

曾皙问："冉求谈的是治国吗？"

孔子说："谁说方圆几十里的地方，就不是国家呢？"

曾皙问："公西赤谈的是治国吗？"

孔子说："祭祀和外交不是国家大事是什么？如果公西赤只能当小司仪，还有谁能当大司仪？"

有一次，孔子北游到农山，子路、子贡、颜回随侍在侧。

孔子向四面瞭望，感叹地说："在这里专心思考，什么想法都会出现啊！你们谈谈自己的志向，我来做讲评。"

子路走上前说道："我希望能有一个机会，白色的指挥旗像月亮，红色的战旗像太阳，钟鼓之声响彻云霄，旌旗盘旋飞舞。我率领一队人马抵抗敌人，必能夺取千里之地，拔去敌人旗帜，割下敌人耳朵，这种事只有我能做到。老师，您让子贡和颜回跟着我吧。"

孔子说："子路多么勇猛啊！"

子贡也走上前说道："我愿出使齐楚交战的原野，两军的营垒遥遥相对，扬起的尘土连成一片，士兵们挥刀交战。我穿着白色衣帽，在两国之间游说，论述交战的利弊关系，以解除国家灾难。这种事只有我能做到。老师，您让子路、颜回跟着我吧。"

孔子说："子贡多么有口才啊！"

颜回后退没说话。

孔子说："颜回！你过来，为何只有你没有志向呢？"

颜回回答说："文武之事，子路和子贡都已经说过了，我还能说什么呢？"

孔子说："虽然如此，还是各说自己的志向，谈谈你的志向吧！"

颜回说:"我听说薰草和莸草不能放进同一个容器,尧和桀不能共同治理一个国家,因为他们不是同类人。"

颜回说:"我希望圣王能辅助他们,向人民宣传五教,以礼乐教导人民,使百姓不修筑城墙,不逾越护城河,武器改铸为农具,平原放牧牛马,妇女不担心丈夫离家,千年无战争之患。这样子路便没有机会施展勇敢,子贡便没有机会运用口才了。"

孔子表情严肃地说:"多么美好的德行啊!"

子路举手问道:"老师认为谁的志向最好?"

孔子说:"不伤财物,不危害百姓,不花太多言辞,只有颜回的志向具备了这些理想!"

子路问:"希望听听老师的志愿。"

孔子说:"颜回的想法就是我的志愿,我希望穿着布衣,戴上帽子,去做颜回的家臣。"

孔子对子贡说:"你与颜回哪一个比较强?"

子贡说:"我怎么比得上颜回呢?颜回听到一个道理,便能推知全体彻底明了,我听到一个道理,只能推知两个。"

孔子说:"你是不如他,我和你都不如他啊!"

有一天,孔子在学堂对曾子说:"曾子啊!我平日所讲的,可以用一个道理来融会贯通啊！"

曾子说："是啊！"

孔子出去以后，学生们问曾子说："老师的话是什么意思呢？"

曾子说："老师的思想，无非'忠恕'两字而已。"

子贡问孔子说："有一个字可以作为终身奉行的准则吗？"

孔子说："大概就是'恕'字吧！自己所不喜欢的，不要加在别人身上。"

子贡说："是的。"

孔子说："一群人整天聚在一起，没有一句正经话，喜欢耍小聪明，这种人要使他学好是很难的。"

子路说："别人对我好，我也对他好；别人对我不好，我对他也不好。"

子贡说："别人对我好，我也对他好；别人对我不好，我只好听之任之了。"

颜回说："别人对我好，我也对他好；别人对我不好，我还对他好。"

三人观点各有不同，他们请教孔子。

孔子说："子路说的是野蛮之言；子贡说的是朋友之言；颜回说的是亲属之言。"

孔子说："三个人同行，其中必有可做我的老师的。选择他们的长处加以学习；他们的短处也可作自我改正的参考。"

孔子说："然而可以一起学习，未必志同道合；志同道合，未必可以一起立业；可以一起立业，未必有相同的价值观。"

子路、子贡、颜回齐声说："是的，老师。"

有一天，孔子为自己卜卦，卜得贲卦，孔子脸色很不平静。

子张走上前去问道："我听说贲卦是吉祥的，为何老师脸色不平静？"

孔子说："因为卦象中有离象。《周易》说，山下有火叫作贲，不吉利。"

子张问："贲卦也很好，为何不吉利？"

孔子说："白就应该是白，黑就应该是黑，贲卦不白不黑，又好在哪里？"

孔子说："我听说朱漆自成鲜艳，白玉不必雕琢自成珍宝，为什么呢？因为它们本质就已非常好了，不必借助于外在修饰。"

子路问孔子说："猪肩骨和羊膊骨也能用来占卜，芦苇和蒿草也能用来测定数，何必用蓍草和龟壳呢？"

孔子说："这大概是取其名吧？蓍与耆音近，龟与旧音近，四字都有年岁久远之意，辨明狐疑之事，应请教年老的长者。"

　　孔子读《易经》，读到损益二卦时，喟然而叹。

　　子夏离开座位问道："老师您为何叹息呢？"

　　孔子说："减损必定增加，增加必定减损，所以我叹息啊！"

　　子夏说："学习不是能增长吗？"

　　孔子说："我不是说道的增长。道越增长，身体越损耗。学习要减损自己，虚心受教，才能完满广博！自然规律是，完成必然改变。保持完满长久，这种现象不曾有过。所以说，自以为聪明，天下的善言便都听不到。"

　　楚昭王听说孔子住在蔡国，便派使者前来，愿意给夫子七百里封地，邀请孔子到楚国都城负函去。孔子正准备前往拜见，接受聘礼。

　　陈国、蔡国的大夫听到这消息，相互商议说："孔子是位贤者，他所批评的都切中诸侯的弊病。如果孔子被楚国重用，那么我们陈、蔡两国的大夫们就危险了。"

　　于是派兵阻拦，不让孔子前往楚国，孔子竟被困在陈、蔡之间，断粮七天，也无法和外面取得联系，连粗劣的食物也没得吃，随行弟子都饿坏了，孔子却照常讲学诵书、弹琴、高唱自己写的琴曲《猗兰操》：

夫兰当为王者香，

今乃独茂，与众草为伍，

譬犹贤者不逢时，

与鄙夫为伴也。

子路进见孔子说："老师在此时歌唱，符合礼吗？"

孔子不回答。直到曲终，孔子才说："子路我告诉你，君子喜欢音乐是为了不傲慢自大，小人喜欢音乐是为了消除恐惧，有谁不了解我而追随我呢？"

子路说："君子也会有这样穷困潦倒的时候吗？"

孔子说："会有的，只不过君子遭到困穷时，能够坚持品德；小人遭到困穷时，便胡作非为！"

子路听了很高兴，持剑随着孔子的琴音旋律跳起舞来。

孔子问子路："《诗经》说'不是犀牛、不是老虎，却徘徊旷野'。难道我的学说不对吗？为何落到这种地步？"

子路说："大概是老师的仁德不够，别人才不信任我们；老师的智慧不够，别人才不实践我们的理想。老师曾说过'为善者，

天报之以福；为不善者，天报之以祸'。如今老师积仁德、怀仁义，长期推行您的主张，怎会落得这样穷困呢？"

孔子说："子路啊！如果仁德能使人信任，伯夷、叔齐怎会饿死首阳山？智慧能实践理想，比干怎会被剖心？忠心必有好报，关龙逢就不会被杀；忠言劝谏必会被采纳，伍子胥就不会被迫自杀。"

孔子说："不能遇到贤明君主才是关键！君子学识渊博却时运不济，何止是我孔丘啊！"

子路出去了，孔子叫来子贡。

孔子对子贡说："子贡啊！《诗经》说'不是犀牛、不是老虎，却徘徊旷野'。难道我的学说不对吗？为何落到这种地步？"

子贡说："老师的学说太宏大，天下无一处能容纳。老师何不稍微降低一点要求呢？"

孔子说："子贡啊！农夫善于耕种，却不必然有好收获；工匠手艺精巧，却不必然能使人人满意。"

孔子说："君子能修研学说，像编网一样，先架构纲纪，然后再统合整理，却不必然能被世人所接受。现在不研修自己的学说，反而想降格迎合。子贡啊！你的志气不太远大！想法不够深远呀！"

子贡出去之后，颜回进来见孔子。

孔子说："颜回啊！《诗经》说'不是犀牛、不是老虎，却徘徊旷野'。难道我的学说不对吗？为何落到这种地步？"

颜回说："老师的学说太宏大，天下无一处能容纳，但老师还是要推行自己的学说，世人不接受是当权者之耻，不被接受才能显现君子本色！"

孔子听了欣慰地笑着说："是啊！颜回啊！如果将来你发了财，我替你当管家。"

传说，孔子被围困在陈国时，仍然弹琴唱歌。夜里有个身高九尺的人，穿着黑衣，戴着高高的帽子，大声呵斥，声震左右。

子贡进门问道："什么人？"

那人便提起子贡挟住他。子路把他引出门，在庭院里与他展开搏斗，好一会儿，也没能得胜。孔子仔细观察那个人，看见他的腮帮骨似硬壳般时开时合，如手掌一样。

孔子说："何不拉住他的腮帮骨，奋力登上头顶。"

子路拉住他的腮骨，连手都陷入其中，突然他倒在地上，竟是条大鲇鱼，九尺多长。

孔子说："这个东西，为何来此呢？我听说物老了，精怪就依附它，趁你运衰时到来。这个东西，它的到来，难道是因为我遇到厄运、断了粮食、学生都病了吗？六畜及龟、蛇、鱼、鳖、草木之类，只要寿命长了神就依附它，能成妖怪，所以叫作五酉。五酉，就是金、木、水、火、土，每行都有具体的物。酉也是老的意思，物老了就变成精怪。杀了它算了，有什么担忧的呢？或许上天还没抛弃文人，以此来维系我的命吧！不然为何走到这步呢？"

孔子仍弹琴唱歌不停，子路烹了鱼，味道鲜美，饿倒的门生都来吃这条大鲇鱼。

第二天，子贡拿着携带的货物，偷偷跑出包围圈，跟村民换米，换回一石米。

颜回与子路在土屋下煮饭，有一团熏黑的泥土掉到白饭里，颜回把弄脏的饭捡起来吃掉。子贡在井边看见了，很不高兴，他误以为颜回偷吃。

子贡进屋问孔子说："仁人廉士困穷时，也会改变节操吗？"

孔子说："改变节操，还能称之为仁人廉士吗？"

子贡问："颜回这样的人，不会改变节操吧？"

孔子说："当然。"

于是子贡便告诉孔子，颜回偷偷吃饭的事。

孔子说："我相信颜回的仁德已经很久了，即使你这样说，我还是不会怀疑他。你先待一会儿，我来问问他。"

孔子叫颜回进，问道："以前我曾梦见祖先，这难道是祖先在上天开导我们保佑我们吗？你做好饭赶快端上来，我要献饭祭祖。"

颜回说："刚才有一团熏黑的泥土掉到白饭里，如果留在饭中则不干净；如果把饭扔掉又很可惜。于是我就把饭吃了，不能再用饭来祭祖了。"

孔子说："要是我也会吃掉它。"

颜回出去后，孔子对弟子们说："我相信颜回，不仅仅是今天。"

弟子们由此叹服颜回。

孔子派子贡到楚国去。楚昭王调动军队来迎接孔子，孔子一行才得以解围。

　　大家准备出发到楚国负函去见楚昭王时，子贡执着缰绳说："我们跟随老师遭受此难，大概永远不会忘记。"

　　孔子说道："善与恶是什么呢？能在陈蔡之间受难，是我的幸运啊！你们跟随我，也是幸运啊！我听说君王不受难，便不能成王业，烈士不受难，行为就不足以彰显。怎知发愤图强不就是开始于此呢？"

　　孔子到楚国半路上，碰到一位渔夫献给他鱼。

　　孔子说："你辛苦打来的鱼，应拿去市场卖，我不能接受你送的鱼。"

　　捕鱼人说："天热市场又远，已经不能卖了，扔掉可惜，不如献给君子食用，所以才冒昧地送给您。"

　　于是孔子恭敬地拜了两拜，接受了这些鱼，让弟子把室内打扫干净，准备祭祀。

　　弟子说："捕鱼的人本来要扔掉这些鱼，老师却要用来祭祀，这是为什么呢？"

　　孔子说："我听说爱惜变质的食物，而把它送给别人的是仁人。哪有接受仁人赠送的食物而不祭祀的呢？"

　　楚昭王听说孔子已经快抵达楚国境内，想派人到边境迎接。

楚国令尹子西阻止说："大王的使臣，有子贡这种人吗？"

楚昭王说："没有。"

子西又问："大王的辅佐大臣，有颜回这种人吗？"

楚昭王说："没有。"

子西又问："大王的将帅，有子路这种人吗？"

楚昭工说："没有。"

子西问："大王的官员，有宰予这种人吗？"

楚昭王说："没有。"

子西接着说："楚国祖先受周天子分封，封号子爵，封地与男爵相等，方圆五十里。"

子西说："现在孔丘讲述三皇五帝的治国方法，依周公旦、召公奭辅佐周天子之业，如果大王任用他，那么楚国还能世代保有几千里方圆土地吗？"

楚昭王说："不能。"

子西说："想当年文王在丰邑、武王在镐京，以百里之君而统治天下。如果让孔丘拥有七百里封地，加上那些有才能的弟子辅佐，绝非楚国之福啊！"

楚昭王听了，便打消原意。

这年秋天，楚昭王死在城父。孔子还没抵达楚国，听到楚昭王过世的消息，便掉头返回卫国，顺路到叶邑会见邑尹——叶公。

鲁襄公二十三年，叶公生于楚国王室之家，曾祖父是春秋五霸之一楚庄王。本名沈诸梁，字子高，比孔子小一岁。

叶公年少有为，二十四岁时便被楚昭王封到叶邑为尹，此后他便自称叶公。叶公到了叶地之后，养兵息民，发展农业，增强国力，成为春秋末期楚国最著名的军事家、政治家。

传说叶公非常喜欢龙，衣服的带钩上、酒杯上画着龙，屋子雕饰花纹也都是龙。

天上的龙听说叶公好龙，就从天上下来，从窗户里探进龙头，叶公一见脸色都变了，吓得魂不附体转身就跑。

由此看来，叶公并非真的喜欢龙，而是喜欢那像龙却不是龙的东西。

叶公接见孔子，问孔子说："什么是为政之道？"

孔子说："为政之道在使远方的人归附，近处的人帖服。"

叶公说："说得好，先生说得真好。"

孔子说："如果自己做得正，治理政事又有什么困难呢？如果自己不能做得正，又怎能纠正别人？"

叶公对孔子说："我家乡有正直的人，父亲偷羊，儿子去告发父亲。"

孔子说:"我家乡正直的人不同,父亲为儿子隐瞒,儿子为父亲隐瞒,正直就在其中了。"

有一天,叶公问子路:"子路,你老师是怎样的一个人?"

子路尴尬地说:"我不会形容……"

子路回来,跟孔子说:"叶公问您的为人,我回答不出来。"

孔子说:"子路!你怎么不回答他说,他这个人学习起来毫不怠倦,教起人来全不厌烦,用起功来连饭也忘了吃,高兴起来什么忧愁都可忘掉,甚至老之将至也不知道。"

孔子告辞叶公,离开叶邑前往蔡国。

半路上,楚国的狂人接舆边走边唱着歌,路过孔子车旁。

接舆说:"凤啊!凤啊!你怎么这样倒霉?过去的不可挽回,未来的还可以赶上。算了!算了!现在的从政者很危险!"

孔子下车，想同他说话。接舆赶快避开了，孔子没能与他交谈。

孔子叹息道："首先，贤人隐居逃避动荡的社会。其次，逃到另一个地方去。再次，逃避鄙视的目光。最后，逃避恶毒的人言。"

孔子又说："这样做的已经有七个人了。"

往卫国的半途中，孔子听到有人在哭，声音很悲伤。

孔子对弟子们说："这人的哭声很悲伤，但不是亲人死去的那种悲伤。"

于是驱车前进，没走多远，看到一个异人，拿镰刀带绳索，哭个不停。

孔子下车向前去问道："您是哪位？"

回答说："我是丘吾子。"

孔子说："您怎么哭得这么伤心？"

丘吾子说："我有三个过失，晚年才发觉，后悔也来不及了！"

孔子说："可以说说您的三个过失吗？"

丘吾子说："年轻时我喜欢学习，行遍天下后，父母亲去世了，这是第一个过失；年长后我侍奉齐君，齐君骄奢而失去人民拥护，我臣节不保，这是第二个过失；我喜欢交朋友，而今朋友都跟我断绝关系，这是第三个过失。"

丘吾子说："树欲静而风不停，子欲养而亲不待。失去不能再来的是岁月，不能再见到的是父母。请让我们就此分别吧。"

于是丘吾子投水而死。

孔子说："弟子们记着啊！这足以为戒。"

弟子听了，因此回去奉养父母的有十三人。

孔子离开叶地要回卫国，一不小心马跑了，吃了农夫的庄稼。农夫非常生气，牵走马拴起来。

子贡去劝说他放马，言辞谦卑也没要回马。

孔子说："用别人不愿听的话劝人家，就好比用太牢宴请野兽，奏《九韶》乐曲让飞鸟欣赏。这是我们的过错，不是那人的过错。"

于是让饲养马的人去说。

到那儿，见到农夫之后说："您在东海边种田，一直种到西海边，我们的马跑了，怎能不吃您的庄稼呢？"

农夫觉得养马人的说法很幽默，便高兴地解开马还给孔子。

孔子经过胜母，天晚了，也不肯住下来；经过盗泉，口渴了，也不喝盗泉的水。因为孔子讨厌它们的名字。

半路上，孔子又遇见长沮、桀溺两人并肩耕田，孔子以为他们是隐士。

孔子跟子路说："子路啊！去请问他们过河的渡口在哪里。"

子路便走稻田里问长沮说："请问过河的渡口在哪里？"

长沮问："车上拉着缰绳的人是谁？"

子路说："他是孔丘。"

长沮说："是鲁国的孔丘吗？"

子路说："是的。"

长沮说："那他应该知道渡口在那里。"

子路又问桀溺："请问渡口在什么地方？"

桀溺说："你是谁？"

子路说："我是子路。"

桀溺说："你是鲁国孔丘的学生吗？"

子路说："是的。"

桀溺说："天下一片混乱，有谁能改变这种局势呢？你与其跟随孔丘那种逃避坏人的人，还不如跟随我们这种逃避乱世的人。"

桀溺说完，仍旧不停地耕种。

子路回来后把这两人的话告诉孔子。

孔子失望地说："人不能和鸟兽一起生活，如果我不跟世人打交道，要跟谁打交道呢？天下如果太平安乐，我就不用来改变它了。"

有一次，子路跟队伍分开了落在后面，在石门城外住了一夜。

看城门的侍卫说："你从哪里来的？"

子路说："从孔家来。"

看城门的侍卫问："就是那明知做不成功却一定要去做的那个人吗？"

子路说："是啊，他正是我的老师。"

第二天，子路在路上遇到一个老人用拐杖挑着除草工具。

子路问道："你看到我的老师吗？"

老丈说："我四体不勤，五谷不分，哪知道谁是你的老师？"

说完便拄着拐杖除草，子路拱着手恭敬地站在一旁。老人留子路到他家住宿，杀鸡煮小米饭给子路吃，又叫两个儿子出来跟子路见面。

第二天，子路告辞老者，赶上孔子一行，把这件事告诉孔子。

孔子说："这是个隐士啊！"

叫子路回去再见老人，到了他家，老人已经出门了。

子路说："不做官是不对的！长幼之礼不可废弃；君臣之义又怎能抛弃呢？洁其自身，则会乱大伦。君子做官只为了实行君臣之义。至于天下太平的理想，我早就知道行不通了。"

子路回来跟孔子汇报，孔子感叹道：

"天子的大乐师挚去了齐国，二乐师干去了楚国，三乐师缭去了蔡国，四乐师缺去了秦国，打鼓的方叔到了黄河边，敲小鼓的武到了汉水边，少师阳和击磬的襄到了海边"。

"从古至今，被遗落的贤人有：伯夷、叔齐、虞仲、夷逸、朱张、柳下惠、少连。"

"不降低自己的志气，不辱没自身，是伯夷、叔齐吧？"

"柳下惠、少连被迫降低自己的志气，辱没自身；但他们言语合于法度，行为合于思虑。他们不过如此罢了。"

"虞仲、夷逸避世隐居，放肆直言，自身保持清白，辞官合于情理。我与他们不同，我可以这样做，也可以那样做。"

林类已经将近一百岁，一生孤寡无妻女。春天到了，他还穿着冬天的粗皮衣，在田地里边走边唱歌，边拣拾谷穗。

孔子往卫国途中，看见林类在田野，回头对学生说："那位老人就是林类，是个值得对话的人，试试去问问他。"

子贡请求前往。

往田埂走去，问林类说："先生边走边唱地拾谷穗，从来没有后悔吗？"

林类不停地往前走，照样唱歌不止。

子贡再三追问，他才仰着头答复说："我后悔什么？"

子贡说："听说您少年时懒惰不努力，长大了又不争取时间，到老了还没有妻子儿女，现在已经死到临头了，又有什么快乐值得拾谷穗时边走边唱歌呢？"

林类笑着说："我快乐的原因，人人都有，但他们反而以此为忧。我少年时懒惰不努力，长大了又不争取时间，所以才能这样长寿。到老了还没有妻子儿女，现在又死到临头了，所以才能这样快乐。"

子贡问："人人希望长寿，厌恶死。为何您却把死亡当作快乐呢？"

林类说："死亡与出生，不过是一去一回。因此在这儿死去了，怎么知道不在另一个地方重新出生呢？由此，我怎么知道死与生不一样呢？我又怎么知道力求生存而忙忙碌碌不是头脑糊涂呢？又怎么知道死亡不比过去活着更好些呢？"

子贡听了，不明白他的意思，回来告诉孔子。

孔子说："我知道值得跟他对话，但他对道的了解并不彻底。"

鲁哀公七年，孔子六十四岁。

孔子从楚国返回卫国，这时候，卫出公的父亲蒯聩没有即位做国君，流亡国外，诸侯对此事屡加指责。

孔子的弟子很多在卫国做官，卫出公也想请孔子出来执政。

子路对孔子说："假如卫君要您治理国家，您要先从哪里做起？"

孔子说："先纠正名分！"

子路说："有这样做的吗？您想得太不合时宜了。名分怎么纠正呢？"

孔子说："子路你太粗野了！君子对于不了解的事情，不应发表意见。名不正，则言不顺；言不顺，则事不成；事不成，则礼乐不兴；礼乐不兴，则刑罚不得当；刑罚不得当，老百姓就无所适从。所以君子做事必须说得通、说话必须行得通。君子对于自己的言行，是从不马马虎虎的。"

卫国的公孙朝问子贡说："孔子的学问，是从哪里学来的？"

子贡说："文王武王之道，还在人间并没失传。贤人了解大道，不贤人只能了解小道。天下到处都有文武之道。我们老师处处都学，何必要有固定的老师呢？"

子贡受聘为信阳宰，临走时向孔子辞行。

孔子说："努力啊！谨慎啊！奉天子之时，勿夺取，勿铲除，勿残暴，勿偷盗。"

子贡说:"我年少就侍奉您,还担心我会偷盗吗?"

孔子说:"你知道得不彻底。以贤人代替贤人,叫作夺取。以不贤人代替贤人,叫作铲除。可延迟执行的惩罚却急于执行,叫作残暴。为自己取得好处,叫作偷盗。偷盗不是窃取财物呀。"

子贡问:"应该如何治理百姓?"

孔子说:"如同用腐烂缰绳驾驭奔马一样,戒慎恐惧就行了。"

子贡说:"那该多么可怕呀!"

孔子说:"在闹市驾驭奔马,到处都是人,但用正确方法引导,就会像自己养的马一样听话。如果用不正确的方法引导,它会成为仇人。怎么能不戒慎恐惧呢?"

公子荆是卫献公的儿子、卫灵公的叔叔。

公子荆的财产刚增加一点时,他满意地说:"应该够了。"

财产更多一点时,他说:"算是完备了。"

财产很多时,他说:"完美极了。"

孔子夸赞说:"卫公子荆善于理财,也很会生活。"

鲁哀公八年,孔子六十五岁。

鲁哀公八年夏天,子贡受聘为鲁国大夫。吴国和鲁国在鄎邑会盟，吴国向鲁国索取牛、羊、猪各一百头作为祭品。吴国的太宰嚭召见季康子，季康子就派子贡前往交涉辞谢，子贡以周礼说服吴国太宰，完成使命。

季康子讨伐邾国，子服景伯劝阻，季康子不听。邾国请求吴国攻打鲁国。

吴王夫差问叔孙辄说："我准备攻打鲁国，你认为如何？"

叔孙辄回答说："鲁国有名而无实，攻打他们，一定能如愿以偿。"

叔孙辄退出来之后，告诉了公山不狃。

公山不狃对叔孙辄说："作为一位将领，可以有不同政治主张，可以逃亡国外，但不能因为个人恩怨而祸害自己的祖国。"

公山不狃与叔孙辄两人曾带领费人攻打曲阜，后来又一起流亡到吴国。公山不狃虽在鲁国多行不义，但他还堪称血性汉子，不以私仇危害鲁国。

叔孙辄羞愧地说："是的，我错了。"

吴王又询问公山不狃，公山不狃回答说："鲁国平时虽然没有联盟，危急时诸侯将会救它。因为鲁国是齐国、晋国的嘴唇。唇亡齿寒，他们不去救援干什么？"

但吴王还是于该年三月出兵伐鲁，孔子的弟子有若率领鲁军抵抗，将吴军打败。

鲁哀公十年，孔子六十七岁。

孔子六十七岁时，孔鲤的母亲丌官氏死了，一年后孔鲤还在哭。

孔子听见之后问："是谁在哭呢？"

门人说："是孔鲤在哭。"

孔子说："太过分了，这不符合礼制。"

孔鲤听到了，于是除服不哭了。

鲁哀公十一年，孔子六十八岁。

鲁哀公十一年春天，齐国因为郎地之战，派大将国书和高无孕率领军队攻打鲁国，齐国大军抵达清地。

季康子令叔孙氏、孟孙氏出兵抗齐，将齐人拦在国土之外。叔孙氏、孟孙氏埋怨季氏专权，不肯听季康子的号令。

鲁昭公的次子昭公子务人说："徭役繁重而赋税多，如今上位者没有拒敌对策，下位者不能以身殉国，如何对抗强敌？"

于是季康子任用孔子的弟子冉求带兵到艾陵抗齐。当时季孙氏称左师，孟孙氏称右师，冉求率领左师，管周父为他驾驭战车，樊迟为他做车右。

季康子说："樊迟年纪太小了吧？"

冉求说："他能服从命令。"

鲁军和齐军往郊外作战，齐军从稷曲攻击鲁军，鲁军不敢过沟迎战。

樊迟说："不是做不到，而是不相信您。请您把号令申明三次就带头过沟。"

冉求依照他的话率军跟着冲过壕沟，冲入齐国军队，众人都跟着他过沟。鲁军攻进齐军。冉求使周矛攻杀齐军，所以能攻破齐军。齐军逃跑了，冉求在艾陵大败齐人，齐人溃不成军。史称"艾陵之战"。

鲁军打胜仗后，季康子问冉求说："你的军事才能是学来的还是天生的？"

冉求回答说："我是从孔子那里学会的。"

季康子问："跟孔子能学到用兵作战？"

冉求说："孔子是大圣人，他文武精通，知识无所不包，我跟他学会战法，只是学得不够透彻。"

季康子又问："孔子是怎样的人呢？"

冉求回答说："给他一个合宜名分，让他把德政施与百姓。这样做即使面对鬼神也能无憾。如果让孔子带兵打仗，即使赐给他千户社稷，孔子也不会去做的。"

季康子说："嗯，有意思。"

冉求说："有圣人不任用，却想治理好国家，就如同倒着走又想赶上前面的人，是不可能的。现在孔子在卫国，卫国将重任他，我们自己有人才却去帮助邻国，这不是明智之举。请您用丰礼把孔子请回来吧。"

季康子说："我想召请他回来，可以吗？"

冉求说："你要召请他，只要不让小人束缚他的手脚就可以。"

于是季康子将冉求的建议向鲁哀公禀告。

鲁哀公说："好。"

这年冬天，卫国大夫孔圉准备攻打卫灵公的庶弟太叔疾。

因为当初卫公子太叔疾逃到宋国时，在宋国娶了宋国子朝的女儿，她的妹妹随嫁。后来子朝因故逃出宋国。卫国大夫孔圉要太叔疾休了子朝的女儿，然后把自己的女儿孔姞嫁给太叔疾。但太叔疾却偷偷地派人把前妻的妹妹安置于犁邑，还为她修了一所宫殿，有如第二个妻子。孔圉知道之后非常生气，准备派兵攻打太叔疾。

孔圉问孔子说："卫伐太叔，你有何计策？"

孔子推辞说："我不知道。"

孔圉再问："卫伐太叔，你认为如何？"

孔子说："作为臣子攻打国君，以下乱上是不对的，你要打消这个念头。"

太叔疾听说孔圉要攻打他，便逃到宋国。卫灵公改立太叔疾的弟弟太叔遗为继承人，孔圉便把女儿强行要回来，将女儿改嫁太叔疾的弟弟太叔遗。

清晨鸟叫声中，两三道阳光穿过清晨薄雾，射入蘧伯玉家中附设学堂前方的林间广场。

孔子闲居独坐树下看书，颜回快步走来说道："老师，季康子派人迎接老师回鲁国啦！"

孔子脸色一变，抬头仰望天空叹道："是该回国的时候了吗？"

颜回说："是该回国的时候了。"

孔子说："是啊！是该回国的时候了，已经好久好久没看到泰山了。"

这天下午，季康子派公华、公宾、公林三人带着礼物来迎接孔子，孔子吩咐门人备车，准备离开卫国。

孔圉说："夫子，您不能走，卫国需要您啊！"

孔子说："鸟能择木而栖，木岂能选择鸟呢？"

第二天，学堂外面，门人和一大排车马列队静静地等候归国。

孔子站在牛车旁边，回首看卫国都邑，不觉叹道："鲁是周公的封国，卫是周公之弟康叔的封国，鲁卫两国的政治，有如兄弟一样情况相同。"

然后对门人说："回去吧！回去吧！留在家乡的学生们豪情万丈，文采扬扬，不知该怎样栽培啊。"

孔子周游列国，四处游说推行自己的理想，但处处碰壁，屡败屡战。

鲁国隐士微生亩对孔子说："孔丘，你为何四处奔波到处游说呢？是为了展现花言巧语的口才吗？"

孔子说："我不是敢于花言巧语，我是痛恨社会的丑陋乱象。"

微生亩走了以后，孔子叹道："我找不到奉行中庸之道的人交往，只能与狂狷者相交往了。狂者敢作敢为，狷者有所不为。"

颜回一手执缰绳一手高举，向后面一大排牛车马车大喊："同学们！大家朝鲁国出发！"

队伍缓缓前进，孔子坐在牛车上拿琴弹起来，演唱自己所作的曲子《龟山操》：

予欲望鲁兮，龟山蔽之。

手无斧柯，奈龟山何？

我想再望一眼鲁国，龟山重重叠叠阻隔。手里没有握住斧柄，又能够把龟山怎么样？

随着孔子一行远去的身影，天空隐约看到极为遥远的泰山。

曲阜城门前方，数百官员分左右两列立于道路两侧，鲁国民众争看周游列国十四年回到鲁国的孔子。

只听城门大道远方尽头，传来一阵阵齐声唱诵：

学而时习之，不亦说乎？

有朋自远方来，不亦乐乎？

人不知，而不愠，不亦君子乎？

贤贤易色，事父母能竭其力，

事君能致其身，与朋友交言而有信。

虽曰未学，吾必谓之学矣。

弟子，入则孝，出则悌，

谨而信，泛爱众，而亲仁。

行有余力，则以学文。

孔子一行人由远而近，慢慢抵达曲阜城前，孔子下车朝向城门恭敬虔诚地跪地，倾身低头亲吻鲁国土地，然后慢慢抬头，双眼含泪说："养我育我的鲁国，仲尼回来了。"

鲁哀公在大堂东面台阶上迎接孔子，孔子在西侧台阶上觐见哀公。

鲁哀公说："欢迎圣人回故国。"

孔子恭敬地回礼："谢谢君上。"

宫殿大堂里，孔子陪坐在鲁哀公一旁。

鲁哀公问："如何能使百姓服从呢？"

孔子回答说："提拔正直无私的人，把邪恶的人置于一旁，百姓就会服从。提拔邪恶不正的人，把正直无私的人置于一旁，百姓就不会服从统治了。"

鲁哀公又问孔子："应该如何治理国家？"

孔子回答说："治理国家，没有比让人民富裕、长寿更迫切的了。"

鲁哀公说："如何能做到这样呢？"

孔子说："减少劳役，减轻赋税，人民就富裕了；实行礼教，远离罪恶疾病，人民就长寿了。"

鲁哀公说："我想依您的话去做，又担心国家变穷。"

孔子说："《诗经》说'平易近人的君子，是老百姓的父母'。

没有子女富裕，而父母贫穷的。"

鲁哀公说："先生高明，说得好。"

鲁哀公赐桃和黍给孔子。

鲁哀公说："请吃吧。"

孔子先吃黍后吃桃，哀公左右的人都捂着嘴笑。

鲁哀公说："黍是用来擦拭桃子的，不是拿来吃的。"

孔子说："我知道。但黍是五谷之长，是郊祭宗庙最上供品。水果有六种，桃是最差的一种，祭祀时不用，不能摆在郊祭供桌上。"

鲁哀公说："那又如何？"

孔子说："臣曾听说，君子该以低贱擦拭珍贵，没听过以珍贵擦拭低贱。以五谷之长去擦拭最差的水果，是以上等擦拭下等，臣认为这样做有害于礼教，也妨碍义礼，所以我不敢以黍擦拭桃。"

鲁哀公说："你说得真好。"

孔子论孝

鲁哀公又问："臣从君命是忠吗？子从父命是孝吗？"

问了三次，孔子不回答。

　　孔子小步快走而出，把这件事告诉给子贡说："刚才，国君问我：'臣从君命是忠吗？子从父命是孝吗？'问了三次而我不回答，你认为怎样？"

　　子贡说："臣从君命是忠，子从父命是孝。不对吗？"

　　孔子说："赐啊，你很浅薄！万乘之国，有七位直言敢谏大臣，君王就不会有过错。父亲有直言的儿子，就不会陷入无礼。"

　　孔子说："所以臣子一味服从君主怎会是忠呢？儿子一味服从父亲怎会是孝呢？"

　　子贡说："是的。"

　　孔子说："明白该服从才服从才是忠，弄清楚了听从的是什么才是孝。"

　　子贡说："是的，老师。"

　　孔子说：

　　"父母在世时，不可出外远游；如果非要远游不可，应将去向告诉父母，以免父母忧心。"

　　"父母有错要好言相劝，又敬不违，听不进时要尊重他们，要任劳而无怨。"

　　"父母的年龄不可不记挂在心里。一则为他们长寿而喜；一则为他们年高而忧。"

子游问："什么是孝？"

孔子说："现在一般人所谓的孝，只知能供养父母就算孝了；但人们也养犬马，如果只养而不敬，则养父母跟养犬马还有什么不同？"

子夏问："如何才算尽孝？"

孔子说："侍奉父母，难以长期保持和颜悦色。有事弟子服其劳，有酒食先生馔，这样就是孝吧。"

子路说："贫穷真令人伤心啊！父母在世时无可供养，父母去世后，又无以为礼能办好丧事。"

孔子说："尽管粗茶淡饭，只要能让父母高兴就是尽孝。死后只要衣衾能掩藏尸体，敛罢立即就葬，只要依财力，有棺无椁都合乎丧礼的要求了。"

子路对孔子说："负重物走在漫长路上，就不会挑剔休息地方的好坏；家庭贫穷，父母年老，就不会计较待遇多少。我侍奉双亲时，吃粗劣食物，为了父母亲，到百里之外背米回来。"

孔子说："是啊，你做得很好。"

子路说："父母去世后，我当官，跟随的车子多达百辆，积粮万钟，叠肴而坐，鼎锅有丰盛食物。这时即使我想吃粗劣食物，替双亲背米，已不可能。"

子路感叹说："鱼干穿在细绳上，哪能不被虫吃？双亲的寿命，短如白驹过隙。"

孔子说："侍奉父母，活着时竭尽全力，死之后倾尽思念，这就是孝。"

孔子论君子

有一天，孔子与子贡、子路讨论什么是君子。

子贡问孔子说："怎样才算是君子？"

孔子说："君子在说之前先做，做到了才说。"

孔子说：

"君子博爱而不偏私，小人偏私而不博爱。"

"君子心怀仁德，小人留恋故土；君子心怀法度，小人心怀贪念。"

"君子所了解的是义，小人所了解的是利。"

"君子言谈应简洁，行动要敏捷。"

"君子对于天下事，不固执一定可以、一定不可以的成见，一切以义为依归。"

子贡说："的确是如此。"

孔子说："君子之道有三种品德我没做到——仁者不忧，智者不惑，勇者不惧。"

子贡说："老师，您在自说自道啊！"

子贡问："君子也有憎恶吗？"

孔子说："君子也有憎恶。憎恶宣扬别人坏处的人，憎恶居下位却毁谤上司的人，憎恶勇敢却没有礼义的人，憎恶果敢却刚愎自用的人。"

孔子问："子贡啊！你也有憎恶吗？"

子贡回答："我憎恶把剽窃当作知识的人，憎恶把傲慢当作勇敢的人，憎恶把告密当作直率的人。"

棘子成问子贡说："君子只要有好的品质就行了，要那些表面仪式做什么？"

子贡说："很遗憾！您竟这样理解君子。一言既出，驷马难追，本质犹如文采，文采犹如本质。去了毛的虎豹之皮，就如同去了毛的犬羊之皮一样。"

子路问："如何才能称之为君子？"

孔子说："修养自己，对人恭敬谦逊。"

子路问："这样就够了吗？"

孔子说："修养自己，使周围的人们安乐。"

子路问："这样就够了吗？"

孔子说："修养自己，使所有百姓都安乐。这一点连尧、舜都难以做到呢。"

子路问孔子说："君子崇尚勇敢吗？"

孔子答道："君子以义为最高品德，君子有勇无义就会惹祸，小人有勇无义就会偷盗。"

子路说："君子与小人的差别在哪里？"

孔子说：

"君子安舒而不傲慢，小人傲慢而不安舒。"

"君子依循天理，小人顺往私欲。"

"君子有时也会违背仁道；小人则不可能有仁道。"

"君子只成全别人的好事，不成全坏事；小人则刚好相反。"

"君子与人和谐相处，却不结党营私；小人结党营私，却不能与人和谐相处。"

"为君子做事很简单，但使他高兴则很难。以不正当的方式讨他欢喜，他不高兴；君子用人时量才为用。"

"为小人做事则很难，但使他高兴很简单。以不正当的方式讨他欢喜，他很高兴；小人用人时总是求全责备。"

"君子不可以做小事，而可承担大使命；小人不可承担大使命，但可以做小事。"

"君子只怕自己没有才能，不怕别人不知道自己。"

"君子担心自己死后，没有好名声。"

"君子求自己，小人求别人。"

"君子举止庄重与世无争；合群而不结党营私。"

"君子不因为别人话讲得对便贸然举用他；也不因为对方行为不好而抹杀他的话。"

"君子以义为本，以礼加以推行，以谦逊来表达，以信誉来完成，这就是君子了。"

"君子博学于文，以礼约束自己，便能不背离大道。"

"君子求道不求衣食，耕种也会常饿肚子，努力学习能得俸禄，君子担心没学好道，不担心贫穷。"

"君子和气待人，不同流合污。坚守中庸之道而不偏倚。国家有道，不改变志向。国家无道，不改变操守。"

子路问："君子也有忧虑的时候吗？"

孔子说："没有。君子没养成品德时，他会为理想而高兴；已经养成良好品德之后，又会为自己的成功而高兴。因此他的一生都很快乐。"

孔子说："君子没有一天是忧愁的。小人则不然，在没得到想要的之前，担心得不到；得到之后又担心失去。因此他终身都在忧虑，没有一天是快乐的。"

颜回问："怎样才算是君子？"

孔子说："关爱别人近乎于仁，深思熟虑近乎于智，对自己关爱不多，对别人体贴爱护，这就是君子。"

颜回说："怎样才不是君子？"

孔子说，"不学习就去做，不思考就想获得。"

颜回说："是的，老师。"

孔子说："君子不重则不威；经常学习就不会固执，一切要以忠信为本，不要结交不如自己的朋友，有错误不要怕改正。"

孔子说："射箭很像君子的为人之道，射不中，不怪靶子不正，只怪自己箭术不行。"

孔子论仁

孔子说："好学近乎智，力行近乎仁，知耻近乎勇。"

有一天，孔子跟弟子们讨论仁。

颜回问："怎样才能算是仁？"

孔子说："能够克制自己的私欲循礼而行，这便是仁。一个人能够做到这个地步，天下的人就会称赞你是个仁人了。仁是自己做出来的，并不是别人随便给你的。"

颜回说："请问为仁的条目。"

孔子说："非礼勿视，非礼勿听，非礼勿言，非礼勿动。"

颜回说："我虽然稍鲁钝些，但我希望能遵照这些话去做。"

樊迟问："什么是仁？"

孔子说："对人慈爱。"

樊迟问："怎样才算做到仁？"

孔子说："先吃苦后享受，就算是仁了。"

孔子说：

刚毅木讷，近仁。

智者不惑，

仁者不忧，勇者不惧。

智者乐水，仁者乐山；

智者动，仁者静；

智者乐，仁者寿。

仁者安仁，

智者利仁。

仁者必有勇，

勇者不必有仁。

"仁离我们很远吗？只要我们愿意行仁，立刻就可以行仁。"

"尚勇又厌恶贫困，是祸害之源；人而不仁，道德衰败，是祸害之源。"

"唯有仁者能正确地爱人，正确地恨人。"

"一个人如果立志为仁，那么他就不会有坏的行为了。"

"人的过错有各种类型。观察一个人的过错，便能知道这人有没有仁心。"

"不仁者不能长久穷困，也不能长久安乐。仁者安于仁，智者融入于仁。"

"人的过错有很多种。观察一个人的过错，便能知道这人有没有仁心。"

"如果没有仁心，礼有什么用处？如果没有仁心，音乐有什么意义？"

"富贵是人人所希求的，如果以不正当手段，宁可不要富贵。贫贱是人人所厌恶的，如果以不正当手段，宁可安于贫贱。君子去掉了仁心怎能算是君子呢？君子不违反仁道，平常如此，颠沛流离时也是如此。"

有学生说："仲弓有仁德，但没有口才。"

孔子说："要口才干什么？善辩者常让人讨厌。我不知道他是否有仁德，光有口才有什么用呢？"

仲弓问："怎样才能算是仁？"

孔子说："出门要像拜见贵宾一样恭敬。派用老百姓做事时，要像负责大祭一样郑重。自己所不喜欢的，不要加在别人身上。在诸侯的邦国做事毫无怨言，在卿、大夫家做事也无怨言。"

仲弓说："我虽然稍鲁钝些，但我希望能遵照这些话去努力。"

孔子说："所谓仁，就是爱人，以亲爱自己的亲人为最重大。所谓义，就是适宜，以尊敬贤人为最重大。"

孔子论礼

孔子与子游参加蜡祭，仪式结束后，两人出游于阙上，孔子喟然而叹。

子游在旁边问："老师，您为何感叹呢？"

孔子说："从前大道通行的时代，跟夏、商、周三代英豪们相比，我比不上，但我也有志于此啊！"

孔子说："大道之行也，天下为公。选贤与能，讲信修睦。人们不只是敬爱自己的亲人，疼爱自己的子女。这样使老年人能安享天年，使壮年人施展才能，使年幼者受教育，使老而无偶、年幼而无父、老而无子和残废者都能得照顾。男人有职业，女人有归宿。人们不愿财物弃于无用之地，但不一定要藏在自家里。人们不愿有力却使用不上力，但不一定是为了自己。阴谋被抑制而无法实现，盗窃乱贼不会出现，因此出门可以不闭户，这便称之为大同世界。"

孔子说："如今大道消失不见，天下成为私人的财产。人们只敬爱自己的父母，只疼爱自己的子女，财物劳力都为了自己。天子诸侯为名正言顺的世袭，修建城郭沟池防卫自身的利益。用礼义来确定君臣关系，使父子淳厚，使兄弟和睦，使夫妻和谐，使各种制度得以确立。划分田地、尊重贤勇者，为自己建功立业。因为阴谋诡计，是产生战争的原因。夏禹、商汤、文王、武王、成王、周公是依礼所选出来的，他们中没有人不严守礼制。礼制跟天地并存，如有君王不遵循礼制，民众会把他视为灾祸。"

这一天，孔子闲居在家，弟子子张、子贡、子游陪侍在侧，大家谈论时说到了礼。

孔子说："你们三人坐下来，我跟你们说礼。礼周遍各处，无所不在。"

子贡站起来离席回话："请问什么是礼？"

孔子说："诚敬而不合于礼，叫作粗野；恭顺而不合于礼，叫作谄媚；勇敢而不合于礼，叫作逆乱。"

孔子又说："谄媚容易混淆仁慈。"

孔子说："对君王尽礼，人们认为是一种谄媚。"

子贡说："请问怎么做才合于礼呢？"

孔子说："礼用来节制行为，使行为恰到好处。"

子贡退下来，子游上前问道："什么是礼？"

孔子说："所谓礼，就是去掉坏习性，保全好品行。人人行为合于礼，那么，居家生活有礼，则长幼有序；家族内部有礼，则三族和睦；在朝廷上有礼，则官爵井然；战术训练有礼，则演习熟练；行伍军队有礼，则战功斐然。若能达到如此，治理国家就像指着手掌给别人看那么容易。"

子游退下去，子张上前问道："请问什么是礼呢？"

孔子说："所谓礼，就是处理事情的方法。治理国家如果没有礼，如同盲人无助茫然不知该走向哪里；如同整夜在暗室找东西，没有烛光怎能看得见呢？"

孔子说："所以说没有礼，则束手无策，耳目无所知，进退、作揖、谦让都失去尺度。"

孔子说："你们三人仔细听！礼就是理；乐就是节。不合理之事不做，无节制之事不为。如果懂得了这些礼，哪怕是个农夫，只要依礼而行，他就是个圣人。"

鲁国大夫林放问："什么是礼的本质？"

孔子说："这是大问题！礼，与其奢侈不如节俭；丧事与其事事完备，不如内心悲凄。"

这一年，卫国大夫孔圉死了，卫国国君赐予他"文公"的称号，后人称他为"孔文子"。

子贡问孔子说："孔圉这个人，以下乱上，随意将女儿改嫁，行为不符合礼。为什么谥他'文'呢？"

孔子说："他天资聪明而好学，向下属请教而不以为耻，就因为这样，所以谥他为'文'了。"

冉求在季康子家工作，很晚才回家。

孔子问："怎么这么晚才回来？"

冉求回答说："有国政要讨论。"

孔子说："是季康子自己的家事吧？如果是公事，我虽然现在没当官，也会知道。"

冉求说："是的，季康子想以每一户征收赋税，想听听老师您的意见。"

孔子说："我不懂这些。"

冉求问了三次，孔子都没回答。

最后冉求说："老师是国之大佬，您怎么不说话呢？"

孔子不当面答复，孔子私下对冉求说："冉求，你过来！难道你不知道吗？先王制定土地制度，是以田地大小和老幼人数比例减免赋税。国家兴兵打仗之年才征赋税，没打仗就不征收。"

孔子说："君子行事要依礼，施舍要丰厚，做事要适中，赋敛要微薄。季康子想行事合于法度，有周公典章可依据。如果要违背法度便宜行事，何必来请教我呢？"

季氏准备祭祀泰山。

孔子对冉求说："你无法阻止吗？"

冉求说："不能。"

孔子说："天哪！难道泰山会接受这种无礼的朝拜吗？"

鲁哀公十二年，孔子六十九岁。

鲁哀公十二年，吴王夫差和鲁哀公要一起到黄池会见晋侯。鲁国大夫子服景伯对吴国使者说："君王会合诸侯，吴君和鲁君一起会见晋君，那么晋就成伯爵了。吴君以伯爵身份会合诸侯，却以侯爵身份结束会合，有何好处？"

于是吴国没去参加诸侯大会，之后吴王夫差很后悔，第二年，把子服景伯关起来。

子服景伯对宰相伯嚭说："鲁国将在十月上辛祭祀天帝、先王，季辛这天才结束。我家世代都在祭祀中任职，自鲁哀公以来从未改变过。如果你们不让我参加祭祀先王的仪式，那么我在祈祷祖宗时将会说'吴国囚禁我，为了不让我参加祭祀'。"

伯嚭把子服景伯的话转告吴王夫差，于是夫差把子服景伯放回鲁国。

子贡听说了此事，就对孔子说："子服氏之子不会说话。因诚实而被囚禁，因欺骗而被释放。"

孔子说："吴王少有德行，可以欺骗他而不可以跟他说实话，这是听话者自己的错，不是说话者笨拙。"

子服景伯回鲁国后，有一天在朝廷听到叔孙武叔对大夫们说："子贡比孔子更贤能。"

子服景伯退朝回来后，把这话告诉子贡。

子贡说："以围墙来比喻，我的围墙只有肩膀高，站在墙外，一眼就能看到我家里富丽堂皇；老师的围墙却有几丈高，如果不从大门进去，就看不见宗庙之美和屋内绚丽多彩。得其门而入者少。叔孙武叔会这么说，不是很自然吗？"

叔孙武叔诋毁仲尼。

子贡说："没有用的啊！仲尼不可诋毁啊！别人的贤德好比丘陵，还可超越的；仲尼是太阳、月亮，无法超越。有人即使要自绝于日月，又怎能损伤日月？这只是不自量力。"

孔子离鲁周游列国前后有十四年，他先后到过卫、陈、宋、蔡、楚等国，宣传自己的政治主张，但均不见用。

回到鲁国之后，哀公与季康氏虽然时常向孔子问政，但始终不用孔子的建议。孔子便整理编订《诗》《书》《礼》《乐》《易》《春秋》六经，寄寓自己的思想主张。

《诗》以道志，《书》以道事，《礼》以道行，《乐》以道和，《易》以道阴阳，《春秋》以道名分。

这一年，孔子的儿子孔鲤过世了。

孔子也不在乎求仕了，仅以"国老"居家，续删《诗》《书》，订《礼》《乐》，赞《周易》，修《春秋》。

孔子平时则在洙泗之滨讲习，教授门人，开始晚年期的教育生活，向他学习的弟子约有三千人。

有若、曾参、言偃、卜商、颛孙师、陈亢等人皆先后从学。

年纪最小的弟子叔仲会和孔璇比孔子小五十岁，每当有学生来，他们两人帮孔子记录，叔仲会和孔璇两人轮流在孔子左右侍候。

鲁国大夫孟懿子的儿子孟武伯觉得他俩很可爱，便问孔子说："这两个小孩那么小就学习，长大之后还记得住吗？"

孔子说："可以！一点一点地积累就变成本能，习惯便成自然。"

这年冬天十二月，蝗虫成灾。

季康子问孔子说："现在是周历十二月，夏历十月了，为何田里还有蝗虫织娘？"

孔子回答说："我听说心星消失后，蝗虫织娘也消失了。如今心星还向西移，这是掌管星相官员的错。"

季康子说："星相官错在哪里？"

孔子说："夏历十月，心星应隐没不见。现在还看得见心星，错在今年应该有闰月。"

鲁哀公十三年，孔子七十岁。

孔子说："我十五岁便立志向学；三十岁时，便能坚持所学毫不动摇。四十岁时，行为处世已经没有不明白之处。五十岁时知天命，不怨天，不尤人。六十岁时，只要听人讲话，便能判断话的是非和这人的人品。到了七十岁时，言行不必去想，都不会做错。"

孔子的教学设立了文、行、忠、信四种科目。

又严立"格物、致知、诚意、正心、修身、齐家、治国、平天下"八个为学和立身处世的大宗旨。

更进而通习"礼、乐、射、御、书、数学"六艺，以臻于"智、仁、勇"三大德。

孔子教学分为"志于道、据于德、依于仁、游于艺"四个阶段。

以德行为首，言语次之，政事又次之，文学列为最末。

孔子的学生分别有穷人、巨贾、贵族、大夫、邑宰、武士。他跟弟子们亦师亦友，也非常了解他们。

孔子说："子羔个性愚直，曾参个性迟钝，子张其志过高而流于一偏，子路则个性太刚猛。"

孔子说："颜回比较有机会能成就，只是常困于贫穷！子贡不受教命，但做生意能每次猜中物价涨跌，因而赚了大钱。"

孔子说："君子必须知道每种学问各有难易，每位学生资质各有高低，然后他才能因材施教，如此才能为人师。"

孔子教导学生因材施教，依弟子的资质与个性的不同，而分别给予不同的教导。给别人意见时，也因问者情况而有所不同。

子夏守完三年丧礼，拜见孔子。

孔子说："给他一把琴。"

子夏调不好弦，悲伤得弹不成曲调。

子夏弹完曲子站起来说："因为还没忘掉悲哀。先王制定的礼，我不敢勉强超过。"

孔子说："子夏真是君子啊！"

子张守完三年丧礼，也来拜见孔子。

孔子说："给他一把琴。"

子张调弦也能调好，奏起音也能成调，侃侃自得其乐。

子张弹完曲子站起来说："先王制定的礼制，我不敢违背。"

孔子说："子张真是君子啊！"

子贡说："子夏还伤心，您说他是君子；子张已经不悲伤了，您也说他是君子。两人状况不同，为何您都称他们君子？"

孔子说："子夏没忘记哀伤，却以礼义断除哀伤；子张已经不再哀伤，却能在欢乐时以礼义约束感情。他们不都是君子吗？"

子贡说："老师说得极是。"

有一次，子贡问孔子说："从前齐君问您应如何治国，您说治国在于节省财力。"

孔子说："是啊。"

子贡说："鲁君问您应如何治国，您说治国在于了解大臣。"

孔子说："是啊。"

子贡说："叶公问您应如何治国，您说治国在于使近处者高兴，使远处者来依附。"

孔子说："没错，我是这样回答。"

子贡问："三人问题相同，而您的回答却不同，难道治国有不同方法吗？"

孔子说："因为各国情况不同啊！齐君建造楼台水榭，修筑园林宫殿，歌舞升平一刻也没停止过。有时一天赏赐三个千乘之家，所以我说治国在于节省财力。"

子贡说："嗯，的确应该如此。"

孔子说："鲁君有三个大臣，在朝中愚弄国君，在朝外排斥诸侯，遮蔽鲁君的目光，所以说为政在于了解大臣。"

子贡说："是的。"

孔子说："楚国国土广阔而都城狭小，民众不想住在都城，想离开那里。所以我说治国在于使近处者高兴，使远处者来依附。这三个国家状况不同，所以施政也不同。"

子贡说："是的，老师。"

又有一次，子路问孔子说："听到就应该做吗？"

孔子说："有父兄在，怎能听到就去做呢？"

冉求问："听到就应该做吗？"

孔子说："听到，应该立刻去做。"

公西华问："为何老师对子路和冉求两人的回答完全不同呢？"

孔子说："冉求平常很退缩，所以我鼓励他勇进；子路好勇过人，所以我要他谦退。"

孔子教学时，性情流露，他常常夸奖学生；也常常真情流露，开口骂人。

有一次，孔子的老朋友原壤看到孔子来了，蹲在那儿等着。

孔子对原壤说："你小的时候不晓得谦顺孝悌，长大了也没什么表现，如今老了还不死，真是祸害！"

就顺手用拐杖敲原壤的脚胫。

樊迟问孔子："请问应如何种田、种菜？"

孔子事后批评樊迟："樊迟真是小人。"

南宫敬叔丢官之后，每次返国一定满载珍宝去晋谒国君。孔子骂道："南宫敬叔行贿求官，丢官还不如快点贫穷的好。"

宋国司马桓魋为自己制造石椁，花了三年还没做好，孔子说："桓魋这么奢侈，死后应该快点烂掉。"

宰予白天睡大觉，孔子骂他："朽木不可雕也。"

孔子说："只凭言辞论人，我对宰予判断错了。"

吓得宰予不敢再见孔子。

这一年，孔子最喜欢的弟子颜回，才四十一岁就死了。

孔子大声哀号："哇！我这大道没得传了。哇！天亡我也，天亡我也！"

有一天，鲁哀公问："你的学生有哪些人？"

孔子说："我的学生大约有三千人，道艺精通的弟子有七十七人，他们各有特殊的才能和成就。"

鲁哀公说："你说说看。"

孔子说："品德高尚的有颜回、闵子骞、冉伯牛、仲弓，善于政事的有冉求、子路，擅长言语的有宰予、子贡，精通文学的有子游、子夏。"

孔子说:"曾跟随我受困陈蔡受苦的弟子,现在都不在我身边了。"

哀公问说:"学生中,哪一个最好学?"

孔子说:"有个叫颜回的最为好学,他若发怒,便会立刻化解;他犯了错,绝不会再犯。不幸短命死了!现在就没有听到这样好学的人。"

鲁哀公十四年,孔子七十一岁。

鲁哀公十四年春天,鲁哀公在郊外狩猎时,叔孙氏的驾车手商捉到一只麒麟。他折断麒麟前面左脚,用车把它载回来。叔孙氏认为是不祥之兆,把麒麟抛弃城外。

叔孙氏派人问孔子说:"有只头长角的麇鹿,不知道是什么。"

孔子前往观看,说:"哎呀!这是麒麟啊!怎么出来的呢?怎么出来的呢?"

孔子把袖子翻过来擦脸,眼泪把衣服都弄湿了。叔孙氏听孔子说是麒麟,便把它带回去。

子贡问孔子说:"老师!您为什么哭呢?"

孔子说:"麒麟出现,是圣王出世征兆。但麒麟出现得不是时候，而且被人伤害，我是为此伤心啊！"

子贡说："是啊，麒麟出现得真不是时候！"

孔子说："当初我担任大司寇时，有一只神异凤凰飞落到鲁国宫廷，直到现在凤凰都不再飞来，真令人悲哀啊！"

子贡说："是的，老师。"

孔子说："黄河再也看不到神龙负河图出世，洛水再不见神龟负洛书，我已经快完啦！"

于是孔子便根据鲁国史书作《春秋》，上自鲁隐公元年，下止于鲁哀公十四年，包括鲁国十二位国君。以鲁国为中心记述，尊奉周王室为正统，以殷商为借鉴，上承夏商周法统，文辞简约而旨意广博。

所以吴楚之君自称为王，在《春秋》中仍贬称为子爵。晋文公在践土与诸侯会盟，事实上是召周襄王前来与会的，而《春秋》避讳说："周天子巡狩于河阳。"

依此类推，《春秋》以此原则褒贬当时各种事件，后来，有一些国君加以推广，使《春秋》之义天下通行，而令天下的乱臣贼子感到害怕起来。

孔子担任司寇审理案件时，会跟别人商议文句措辞，他从不独断专行。

写《春秋》时则不同，该写则写，该删则删，连子夏这些长于文字的弟子，连一词也不能增减。他让弟子们学习《春秋》。

孔子说："后人了解我将因为《春秋》，后人怪罪我也将因为《春秋》。"

有一天，鲁哀公问孔子说："我想谈谈鲁国人才，和他们治理国家，请问该如何选才？"

孔子回答道："人分五等，有庸人、士人、君子、贤人、圣人，如果能分清这五类人，那治世的方法就都具备了。"

庸人

鲁哀公问："请问，什么样的人是庸人？"

孔子回答说："所谓庸人，心中无谨慎行事的观念、口中说不出有道理的话语，行事不依自己的能力，小事明白而大事糊涂，不知道自己在忙些什么，随波逐流，不知道自己在追求什么。这种人就是庸人。"

士人

鲁哀公问道："什么样的人是士人？"

孔子回答说："所谓士人，心中有原则，有明确计划，即使不能尽到治国本分，也必有遵循法则；即使不能集各种善行于一身，也必有自己的操守。"

"士人知识不一定广博，但所知的正确。话不一定多，但所说的有理。路不一定走得多，但所走的是正道。知道所知的正确、所说的有理、所走的是正道，则不拿生命形体去交易。他不认为富贵是好处，贫贱是损失，这样的人就是士人。"

君子

鲁哀公问："什么样的人是君子？"

孔子回答说："所谓君子，言必忠信而心无怨恨，身怀仁义而不自夸，思想通达而说话不专断，信仰理想而自强不息。从容的样子看似很容易超越，但无法达到他的境界。这样的人就是君子。"

贤人

鲁哀公问："什么样的人是贤人？"

孔子回答说："所谓贤人，品德不逾越常规，行为符合礼法。

言论可让天下人效法，而不会伤身；道德足以感化百姓，而不招祸；虽然富有，而天下人无怨；施恩天下，而不病贫。这样的人就是贤人。"

圣人

鲁哀公又问："什么样的人是圣人？"

孔子回答说："所谓圣人，品德合于天地之道，变通自如，能探究万事根本，调和自然法则，遵循大道成为自己的本性。光明如日月，变化如神灵。民众不知道他的德行，看到他也不知道他就在旁边。这样的人就是圣人。"

鲁哀公说："好，讲得真好！"

孔子说："好学近乎智，力行近乎仁，知耻近乎勇。知道这三点，就知道修身；知道修身，就知道如何管理别人；知道管理别人，就能够治理国家。"

鲁哀公问："什么是为政之道？"

孔子说："为政之道，在于慎选良臣。"

鲁哀公问："当今君主，谁最贤明？"

孔子回答说："贤明的君主我还不曾见，或许是卫灵公吧！"

鲁哀公问："我听说他家的门风男女长幼无分别，为什么你说他是贤人呢？"

孔子说："我说的是他在朝廷行为处世，而不是他的家庭事务。"

哀公问："卫灵公处世如何？"

孔子回答说："卫灵公的弟弟公子渠牟，智慧足以治理千乘之国，诚信足以守卫国家，卫灵公喜欢他，而且任用他。"

鲁哀公说："哦，是吗？"

孔子说："又有位名叫林国的士人，发现贤能者必推荐他做官，如果那人被罢官，林国还要把自己的俸禄分给他，因此卫国没有放荡之士。卫灵公认为林国贤明，因而尊敬他。"

鲁哀公说："林国的确贤明。"

孔子说："又有位名唤庆足的士人，卫国有大事，则必出来帮助治理；国家无事就辞官而让其他的贤人被容纳。卫灵公很喜欢他，而且尊敬他。"

鲁哀公说："庆足这个人值得尊敬。"

孔子说："还有位叫史鱼的大夫，因为道不能实行而离开卫国。卫灵公在郊外住了三天，不弹奏琴瑟，要等史鱼回到卫国，他才回城。臣举这些事，所以才把卫灵公列为贤人。"

鲁哀公说："嗯，卫灵公的确是贤人。"

季康子也问孔子："什么是为政之道？"

孔子说："所谓政治，就是正直。您以正直做表率，谁还敢不正直？"

季康子苦于盗贼之患，问孔子说："该怎么办？"

孔子回答说："如果您不贪图财物，即使奖励大家来偷，他们也不干。"

季康子问孔子说："这些年来，您多次到卫国，您认为卫灵公如何？"

孔子说："卫灵公无道。"

季康子说："既然如此，为什么卫国不败亡呢？"

孔子说："因为他用仲叔圉主管外交、祝鲍管理宗庙、王孙贾统率军队，这样卫国怎么会败亡呢？"

季康子向孔子问政："如果杀掉不守道义之人，亲近有道，这样做如何？"

孔子说："治理国家何必杀戮呢？只要一心向善，人民便跟着向善。君子的德行像风，小民的德行像草，风从草上吹过，草必随风而动。"

孔子陪季康子闲谈时，有位名叫通的家臣进来问季康子说："国君派人来借马，我们要借给他吗？"

孔子说："我听说国君向臣子寻求什么叫作'取'，不叫'借'。"

于是季孙氏告诉通说："从今以后，国君有所寻求就说'取'，不要说'借'。"

由于孔子纠正了"借马"的用词，君臣名分的准则也就确定了。

季康子专权把持国政。

鲁国有人质疑孔子："我们不了解，你为何还要跟季康子相处？"

孔子说："龙在清水中觅食，在清水中畅游；龟在清水中觅食，在浊水中游玩；鱼在浊水中觅食，在清水中游玩。我虽然不是龙，也不是鱼，三者之间我总能赶上乌龟吧！"

有一天，鲁哀公问颜阖说："我要把仲尼作为辅相，国家可以得治吗？"

颜阖说："危险啊！危险！仲尼喜欢文过饰非，办事花言巧语，以枝叶代替旨美，矫饰性情以夸示民众而不智不诚。受心指使，以精神为主宰，让民众离开朴实而学虚伪，不足以教育民众。为后世考虑，不能让他治理国家！"

鲁哀公说："好吧，不用他就是了。"

孔子归国以后，鲁哀公与季康氏虽时常向孔子问政，还是不重用孔子，孔子也不再要求出来做官了。

孔子说："世人常恨自己不能保持沉默，我恨自己不能及时退隐。因此东南西北周游列国，快七十岁了政治理想还没人采用。在此之后才退隐林下以文字结集王道理想，编写《春秋》史书，希望流传万代之后，天下人可以选择一条正路。"

孔子晚年喜欢读《易经》，并且撰写了《彖》《象》《系辞》《文言》《序卦》《说卦》《杂卦》等，合称"十翼"，又称《易大传》。

孔子勤读《易经》，致使编缀竹简的皮条多次断开。

孔子说："假如让我多活几年，我就可以完全掌握《易经》的文与质了。那么就可以不犯大错误了。"

孔子平时则在洙泗之滨讲习，教授门人。

他收学生，不分贫富贵贱俱收，并且因材施教。

孔子说："我传授知识而不创作，笃信尧舜禹汤文武的道理，而喜欢古时的文化，私下效法商朝的贤大夫老彭。"

孔子说："学生们啊！要努力用功啊，不放弃自己，别人都还会舍弃我们，更何况主动放弃自己呢？人们都违背我们的意志，我们的理想之路还远得很呢！"

孔子的时代，周室衰微，礼乐崩坏，《诗》《尚书》也残缺不全。

孔子研究夏、商、周三代礼仪制度编《尚书》，上自唐尧、虞舜，下至秦穆公，依先后编排。

孔子说："现在天子举行的祭祖，我从一开始就看不下去了。"

有人问："天子举行祭祖的意义是什么？"

孔子说："不知道，知道的人治理天下，如同摆在掌中之物！"

孔子指了指自己的手掌。

孔子说："夏朝之礼我能说清楚，杞国不足以证明；殷商之礼我能说清楚，宋国不足以证明。现在无法证明是因为文献不足，而无法引证古代的礼制了。"

孔子考察夏商之间礼制的增减，孔子说："即使经过一百世代，礼制的增减是可预知的，有的是重视文采，有的是重视实质。"

孔子说："周礼借鉴了夏、商两朝的礼法，真是丰富多彩啊！我赞同周礼。"

所以《尚书》经义的传述和《礼记》都出自孔子。

孔子又说："我自卫国返回鲁国之后，便开始修正诗乐，使《雅》《颂》恢复原来的曲调。"

孔子说："古代留传的《诗经》有三千多篇，《诗经》最早是叙述殷始祖契、周始祖后稷，其次是叙述殷、周两代兴盛，直到周幽王、周厉王的缺失，一开始则是叙述男女感情。所以说《关雎》作为《国风》的第一篇；《鹿鸣》作为《小雅》的第一篇；《文王》作为《大雅》的第一篇;《清庙》作为《颂》的第一篇。"

三百零五篇诗,孔子都能演唱,合乎《韶》《武》《雅》《颂》的曲调。先王的礼乐从此才得以称述。

孔子和别人一起唱歌,如果唱得好,一定要请他再唱一遍,然后自己跟着唱。

孔子也完成了《诗》《书》《礼》《乐》《易》《春秋》六经的编撰。

孔子以诗、书、礼、乐教育门生,就学的弟子大约在三千人,其中精通礼、乐、射、御、数、术六种技艺的有七十二人。

像颜浊邹那样的人,受孔子教诲却没正式拜师的弟子就更多了。

孔子以四个主题教育弟子:学问、言行、忠恕、信义。他为弟子定四条禁律:不揣测、不武断、不固执、不自以为是。

孔子不谈论怪、力、乱、神的事情。

孔子极少主动谈到利益、命运、仁德。因为谈到利就会不顾道义,而命运太玄妙,仁德又是那么远大。

孔子杜绝四种弊病:不主观,不绝对,不固执,不自我。

孔子谨慎小心对待的三件事:斋戒、战争、疾病。

孔子说:

"多责备自己,少责备别人,则能远离怨尤。"

"人无远虑，必有近忧。"

"遇到事情不去想'该怎么做？该怎么行？'的人，我不知道对他该怎么办。"

"有过而不改，才是真正的过失。"

"不修养品德，不研究学问，听到正义不追随，不改正错误，这些就是我的担忧。"

"花言巧语会使人失掉操守。小事不能容忍，就会败坏大事。"

"不懂天地法则，就不能当君子；不知道礼仪，就不能立身处世；不善分辨话语，就不能了解别人。"

六月初五，齐国陈恒在舒州杀了国君壬。孔子斋戒三天，三次请求攻打齐国。

鲁哀公说："鲁国被齐国削弱已经很久了，攻打齐国，您打算怎么办？"

孔子回答说："陈恒杀了他们的国君，百姓不亲附的有一半。用鲁国的群众，加上齐国不服从陈恒的一半，是可以战胜的。"

鲁哀公说："你去向三位大夫报告吧。"

孔子退朝后说："因为我曾做过大夫，不敢不向鲁君报告啊！而鲁君却要我向三家大夫报告！"

孔子只好向三位大夫报告，他们不同意出兵讨伐。孔子说：

"因为我曾做过大夫，不敢不来报告！"

孺悲奉鲁哀公旨意，来向孔子学礼。

孔子跟门人说："你出去跟他说我病了，不能见客。"

弟子到门口对孺悲说："抱歉！老师病了，不能见客。"

传话的人刚出门，孔子拿起瑟弹唱起来，故意让孺悲听到。

鲁哀公十五年，孔子七十二岁。

孔子病了，鲁哀公派一位医生替他看病。

医生问孔子说："先生平常的生活习惯如何？"

孔子说："我春天住在葛草暖屋，夏天住在太阳晒不到的房子，秋天风吹不着，冬天不烤火，饮食不匆忙，喝酒不过量。"

医生说："这就是一服好药方。"

鲁哀公十五年，闰十二月。

子路和子羔同时在卫国做官。

探子回来报告："卫国蒯聩发动叛乱了。"

孔子听完，哀凄顿足叹道："子羔会回来，子路一定会死于这场叛乱。"

不久，卫国使者来报："子路已经死于这场叛乱。"

孔子惨叫："哇！不幸被我料中。"

孔子在中庭哭过子路之后，召使者问："子路的死况如何？"

使者说："子路死后被砍成肉酱。"

孔子哀号一声："子路你死得好惨啊！"

然后转头告诉门人说："把家里的肉酱通通倒掉！"

门人说："是的。"

孔子说："今后，我怎能忍心再吃肉酱呢？"

门人说："是的，老师。"

孔子哭道："子路啊！你怎么死得这么惨啊！颜回啊！你怎么死得这么早呢！"

受到颜回、子路接连死去的一系列打击，孔子知道自己时日不多了。

鲁哀公十六年孟春四月，孔子七十三岁。

洙泗之滨，汲汲水边飞来一只夜鹭，轻盈地停在枝头，双目紧盯河中嬉戏的小溪鱼。

弥漫学堂周边的晨雾逐渐消散，泰山在朦胧中慢慢现出它雄伟的身影。

孔子早晨起来，背着手，挂着拐杖，在学堂门口逍遥漫步。

孔子说："我衰老极了，很久很久都没有梦见周公了。"

孔子抬头仰望泰山，吟唱着歌："泰山就这样崩坏吗？梁柱就这样摧折吗？"

天空浮现尧舜的身影，孔子泪流满面地说："哲人就这样凋谢吗？天下失去常道已经很久了，世人都不能遵循我的治国理想。"

子贡快步走过来，说："泰山崩塌了我仰望什么呢？梁柱摧折了我依靠什么呢？哲人凋谢了我要跟随谁呢？老师大概病得很重了。"

孔子叹息说："子贡啊！你怎么来得这么迟呢？"

子贡说："老师。"

孔子说："昨晚梦到我的祭奠在两柱之间。夏人停棺于东厢台阶，是主人迎宾之处。殷人停棺于堂屋两柱之间，是宾主之间的夹缝。周人停棺于西厢台阶，是主人以礼待宾的地方。而我是殷人处于夹缝之中。"

子贡说："是啊！老师是殷人。"

孔子说："如果天下无明君，又有谁注意夹缝中的我呢？看来我不久要死了。"

子贡含着泪说："老师啊。"

随后卧病七天，孔子就死了。死于鲁哀公十六年四月己丑日，享年七十三岁。

鲁哀公为孔子作一篇悼词："上天真是不仁，不肯留下这位国老，余一人孤单伶仃，忧忧戚戚。哎呀尼父啊！我是多么悲哀！"

子贡说："鲁君他难道不能终老在鲁国吗？老师说'礼失则昏乱，名失则罪过。志失则昏乱，失其所宜为罪过'。老师活着时不用他，死后才作祭文哀悼，不合于礼。自称'余一人'有失国君身份。鲁君名礼两失呀！"

孔子去世之时，弟子们不清楚应该为老师穿什么丧服。

子贡说："从前老师哀悼颜回时，悲痛如同丧子一样，但不穿任何丧服。哀悼子路时也是这样。让我们悼念老师，就像悼念父亲一样，也不穿任何丧服。"

埋葬孔子之时，有来自遥远燕国的人来参观，住在子夏家里。

子夏说："这不是圣人在葬别人，而是我们在葬圣人，有什么值得看的呢？过去老师曾谈及筑坟样式说'我见过坟筑得像堂基，像堤防，有两檐飞出门廊，有斧刃向上。我死后，我的墓要以斧刃向上的形式'。斧刃向上的形式，叫'马鬣封'。我们今天为老师筑坟，一天就聚土四尺，筑成斧刃向上的形式，算是完成老师的遗愿。"

孔子死后，葬于鲁城北面的泗水岸边，学生们为感戴老师的恩德，由子贡提议，大家为老师守丧三年。这三年间弟子们都头缠孝布，腰束麻绳。只有在弟子们相聚时才戴孝，单独出门办事时则不戴孝。

岁月在忧思哀伤中过去了，孔子的门生想留的留，想走的走。大家相互告别时，又相对而泣。只有子贡在墓旁搭间小粗屋，守墓六年才离去。

由于当时各国诸侯君主对人才的强烈需求，有才学的弟子们分散到各地传播孔子之道。樊迟、闵子骞和宓子贱到棠地办学，传道于济水一带。

被后世称为"传经"之儒的子夏，也应魏文侯招聘，担起教育魏国子弟的责任。

而被后世称为"传道"之儒的曾子，则留下来，致力于孔学的传授。曾子就利用这个环境，聚集了鲁国的年轻人，从事儒学的传布工作。

曾子和子游、子夏在对孔子学说的传承有所不同的。子游、子夏这一派着重在形式的仪礼和实际的政务。而曾子所重视的，却是孔子学说中人类自觉精神的忠恕诚信之德。

曾子所传的孔子之道，由孔子的孙子子思传承接续，子思死后，再由子思的门人传给孟子。

自孔子死后，他的门人及鲁人相继聚居在他的墓旁，达一百多家，形成一个小部落，因而就把这里称为"孔里"。

鲁国世代相传，每年定时到孔子墓前祭拜，儒生们也常在这里讲习礼仪，举行饮酒礼、比射等仪式。孔子墓园大约有一顷。

孔子故居和门生的住所，后来就改为孔庙，借以收藏孔子的衣冠、琴、车子、书籍，直到汉代二百多年间，一直长期维持，成为崇尚儒学者的圣地。

汉太祖高皇帝刘邦经过鲁地时，以牛羊猪三牲的太牢祭祀孔子。诸侯、卿大夫、宰相一到任，经常先去拜谒孔子墓，然后才去就职从政。

孔子生了鲤，字伯鱼。

伯鱼享年五十岁，比孔子先过世。

伯鱼生了伋，字子思，享年六十二岁。曾受困于宋国。子思作了《中庸》。

子思生了白，字子上，享年四十七岁。

子上生了求，字子家，享年四十五岁。

子家生了箕，字子京，享年四十六岁。

子京生了穿，字子高，享年五十一岁。

子高生了子慎，享年五十七岁，曾任魏国宰相。

子慎生了鲋，享年五十七岁，曾任陈胜王的博士，死在陈地。

鲋的弟弟叫子襄，享年五十七岁，曾任汉孝惠皇帝的博士，后升任为长沙太守。身高九尺六寸。

子襄生了忠，享年五十七岁。忠生了武，武生了延年和安国。安国是汉武帝的博士，担任临淮郡太守，寿短早死。安国生了印，印生了欢。

太史公司马迁说："《诗经》说'像高山一样令人景仰，像大道一样令人遵循'。虽然我无法达到这种境界，但内心非常向往。我读孔子的著作，可以想象他的为人。"

太史公说："我亲自到鲁地参观孔子的庙堂、车辆、衣服、礼器，目睹学生们按时到孔子故居演习礼仪，我怀着崇敬之心留恋不去。"

　　孔子所尊敬的人有周朝老子，卫国蘧伯玉，齐国晏子，楚国老莱子，郑国子产，鲁国孟公绰。

　　他也经常称颂臧文仲、柳下惠、铜鞮伯华、介山子然。孔子出生比他们晚，是不同时代的人。

1. 赵文子

　　孔子说："不苛责，不忌妒，不念旧怨，是伯夷叔齐的品行。思天道而敬之，遵循义讲信用，孝敬父母，友爱兄弟，走善道，教育不道德者，这是赵文子的品行。"

2. 随武子

　　孔子说："侍奉国君，不敢爱惜自身生命，也不敢不爱惜自己的身体。为自己打算，也不忘记朋友。君王重用时努力去做，不被重用时则退隐。这是随武子的品行。"

3. 铜鞮伯华

　　孔子说："与人相处多听意见而不易受骗，修养足以受用终身，国家有道，其言足以治理国家，国家无道，其沉默足以保全自己。这是铜鞮伯华的品行。"

4. 蘧伯玉

孔子说："外表宽容，内心正直，随时随地修正行为，正直但不要求别人正直，努力追求仁义，并终身奉行。这是蘧伯玉的品行。"

5. 柳下惠

孔子说："孝敬谦恭，慈善仁爱，修德求义，节省开支避免怨怼，轻视财物又不缺乏。这是柳下惠的品行。"

6. 晏子

孔子说："晏子曾说过'国君虽无评估臣下的能力，但臣下不可不忠于国君。因此国君选择臣下任用，臣下也选择国君侍奉'。国君有道就听命行事，国君无道就不听从。这是晏子的品行。"

7. 老莱子

老莱子七十岁时父母还在，他非常孝顺，经常穿着五彩衣服，为父母去打水。有一次上堂时把脚跌伤了，担心父母难过，便扑倒在地装作小孩啼哭。

孔子说："父母年老了，不要提到'老'字，是为避免伤老年人的心。老莱子可说是没失却孝子的童心。"

孔子说："行动讲求忠信，整天说话也不会出错。国无道，身处低位不忧心，身处贫困却能够快乐。这是老莱子的品行。"

8. 介山子然

改变行动等待天命，地位低下却不攀附权贵。四处游玩不忘父母，想到父母，不尽兴就赶回来。才能不足就去学习，不造成终身的遗憾。这是介山子然的品行。

9. 羊舌大夫

从前晋平公问祁奚说："羊舌大夫是晋国的优秀大夫，他的品行怎样？"

祁奚推辞说："不知道。"

晋平公说："我听说你从小在他家长大，为何你隐匿不说？"

祁奚回答说："他小时候谦恭和顺，有过失不留到第二天改正；他当大夫时，尽善心又谦虚正直；他做舆尉时，守诚又不隐瞒功绩。他外表温良好礼，广博听取别人的意见。"

晋平公说："刚才我问你，为何你说不知道呢？"

祁奚说："他职位经常改变，不知到现在他当什么官，因此不敢说知道。这是羊舌大夫的品行。"

仲尼弟子列传

品德高尚者

——颜回 闵子骞 冉伯牛 仲弓

孔子说："我的学生中道艺精通的弟子有七十七人，他们各有特殊的才能和成就。"

孔子的学生中，品德高尚的有颜回、闵子骞、冉伯牛、仲弓，善于政事的有冉求、子路，擅长言语的有宰予、子贡，精通文学的有子游、子夏。

子张个性偏激，曾子迟钝，子羔愚笨，子路粗鲁，颜回贫穷无所有。

子贡不接受命运摆布而去经商，他也很善于掌握市场行情。

孔子情绪不高涨时，有子路陪侍；穿着不讲究时，有公西华陪侍；礼乐不研习时，有子贡陪侍；言语不修饰时，有宰予陪侍；古今典籍不能辨析时，有颜回陪侍；小事忘记节制时，有冉伯牛陪侍。

孔子说："我靠这六位学生来激励自己。"

孔门弟子有不同特征。有一次，晏子跟齐景公说："我听说孔子居处困倦，举止随便时，公皙哀、原宪就帮助他；精气壅塞、郁积生病，思想不顺畅时，子路、子夏就帮助他；德义不昌盛、行为不勤勉时，颜回、闵子骞、仲弓等就帮助他。"

1.颜回

颜回，鲁国人，字子渊，小孔子三十岁。

颜回十三岁便拜孔子为师，二十九岁头发就全白了，四十一岁就死了。

颜回的品德操守高尚闻名，孔子十分赞赏他的仁爱。

有一天，孔子对颜回说："颜回，你过来！你家庭贫困，为何不去做官呢？"

颜回回答说："我城外有五十亩地，足以供给稠粥；城内有十亩土地，足以穿丝麻；弹琴足以自娱，学先生之道足以快乐，所以不想做官。"

孔子说："好啊！我听说'知足者，不以利禄自累；审视自得者，损失而不忧惧；内心修养者，无官位而不惭愧'。我诵读这些话已经很久了，现在才在颜回身上看到，这是我的心得啊！"

孔子最喜欢的学生就是颜回了，孔子说："颜回真是贤德啊！

一小筐饭，一瓢水，住简陋狭窄的屋子，别人都受不了这种穷苦，而颜回却没有改变他自得的乐趣。颜回真是贤德啊！"

孔子有时候甚至把颜回的境界看得比自己还高或一样高。

孔子问子贡说："你与颜回哪一个比较强？"

子贡说："我怎么比得上颜回呢？颜回听到一个道理，便能推知全体彻底明了，我听到一个道理，只能推知两个。"

孔子说："你是不如他，我和你都不如他啊！"

孔子对颜回说："受重用时便展露才华；不受重用时就藏身自好，只有你我才做得到！"

孔子说："颜回能做到三个月不违反仁道；其他人只能在短时间里做得到。"

颜回问："如何治理国家？"

孔子说："用夏朝的历法，乘商朝的车辆，禁止郑国乐曲，周朝的礼帽，演奏《韶乐》，远离能言善辩者，禁止郑国乐曲，郑国乐曲浮靡淫秽，夸夸其谈的人太危险。"

颜回感叹说："老师的学问越仰望越高耸，越钻研越觉得深厚；看着它在眼前，忽然又在后面。老师善于诱导，用知识丰富我，用礼法约束我，想不学都难。我竭尽全力，仍然像座高山矗立眼前，想追随它前进，却不知道从何处着手。"

自从有了颜回，门人之间的感情日益亲密了。

孔子以《诗经》的话形容颜回："'遇到国君宠爱，便能成就他的德业。永远恭敬尽孝道，以孝为生活准则。'如果颜回遇到有德君王，便能世代享有帝王给予的美誉，不会丧失美名；被君王任用，会成为君王辅佐。"

子贡说："很早起床背诵经书，崇尚礼义，行为不犯贰过，说话不苟且，是颜回的品行。"

颜回问："什么是仁？"

孔子说："约束自己，使言行合乎于礼，天下人会称赞你是有仁德的人了。"

颜回智商很高，很聪明，有一次，颜回在高台上陪着鲁定公，东野毕在台下驾马车。

定公说："东野毕驾车的技术太高明啦！"

颜回说："东野毕确实善于驾车，但是他的马将来一定会逃走。"

鲁定公听了不高兴，跟他身边的人说："我听说，君子不在背后说人坏话，君子也会在背后说人坏话吗？"

颜回就两步并作一步地跨着台阶离开了。

颜回回去后过了三天，养马的人说："东野毕的马逃走了，两匹骖马拉着两匹服马进了马厩。"

鲁定公听了，越过席位站起来，立刻备车召见颜回。颜回到了之后，鲁定公说："前天我问你东野毕驾车之事，你说'东野毕确实善于驾车，但是他的马将来一定会逃走'。我不明白你是怎么知道的。"

颜回说："我根据先王治国知道的。从前帝舜善于管理百姓，造父善于驭马。舜不耗尽民力，造父不让马筋疲力尽，因此舜无逃亡的百姓，造父无逃跑的马。"

颜回说："现在东野毕驾车，拉紧缰绳，上好马嚼子；纵马于峻险之地，长途奔跑，耗尽马力还要马不停狂奔。我因此知道马会走失。"

鲁定公说："说得好！情况的确如你所说的。先生的话很有意思，你能再多说一些吗？"

颜回说："我听说鸟急了则啄人，兽急了则抓人，人穷了则狡诈，马急了则会逃跑。从古至今，没有使手下陷入困境而无害于自己的。"

鲁哀公听了很高兴，于是把此事告诉孔子。

孔子说："他之所以是颜回，在于他常有这类表现，不必过分夸奖他。"

孔子在卫国时，清晨起床，颜回侍于身旁，孔子听到有人哭得非常悲伤。

孔子问："颜回啊，由哭声你听出他是因何而哭的吗？"

颜回说："我认为这哭声不是为了死别，是为生离而哭的。"

孔子问："你怎么知道的？"

颜回说："我听说桓山之鸟，生四只小鸟，小鸟长大之后，即将飞往四方，母鸟悲鸣送行，哀声有如我们听到的哭声，都因亲人即将远离不再回来而悲鸣。我是根据声音相同而得知的。"

孔子派人去问哭的人，那个人说："我父死家贫，只好卖小孩来埋葬父亲。现在我正和孩子永别。"

孔子感慨地说："颜回真善于辨音呀！"

孔子派子贡出外办事，子贡一直没回来，孔子急着去占卜，得了鼎卦。

他对学生们说："古人占卜遇到鼎卦，都说无脚不来。"

颜回捂着嘴笑。

孔子说："颜回，你为什么笑？"

颜回说："我认为子贡一定会回来。"

孔子说："怎么说？"

颜回回答说："无脚不来，他会乘船回来。"

没多久，子贡果真乘船回来。

颜回问孔子说："小人之言跟君子相同吗？君子不能不仔细分辨清楚啊！"

孔子说："君子依行为说话，小人依舌头说话。因此君子在义的方面要求别人，平时则关爱别人。小人在造乱时志同道合，平时则互相憎恶。"

颜回问："朋友关系，应如何处理？"

孔子说："君子对于朋友，心里必有自认为做得不足之处，但不能说我不知道。仁者不忘积累仁德，也不积存旧怨，这才是仁德啊！"

叔孙武叔还没做官时，曾受颜回接待。

颜回对下人说："以宾客之礼接待他。"

武叔很喜欢指责别人的过失并加以评论。

颜回说："您这种做法肯定会自取其辱，您应该听从我的劝告啊。我听过孔子说'说别人缺点，不能美化自己。说别人行为不正，不能使自己的行为端正'。因此君子只批评自己的缺点，不指责别人的缺点。"

颜回问："如何才能称之为君子？"

孔子说："关爱别人近乎于仁，深思熟虑近乎于智，对自己关爱不多，对别人体贴爱护，这就是君子。"

颜回说："怎么样才不是君子？"

孔子说："不学习就去做，不思考就想获得。颜回啊！你要好好努力。"

颜回问孔子说："怎样的人是小人？"

孔子说："以攻击别人的优点，当作能言善道；以狡猾奸诈，当作智慧过人；别人有过失就幸灾乐祸，自己不肯学习，又瞧不起没有才能的人，这种人就是小人。"

颜回问子路："一个人勇猛胜过德行，很少能死得其所，为何不谨慎一点呢？"

孔子对颜回说："人们都知道谨慎的好处，却无法自我控制，无人真正去做。为何宁愿道听途说而不多想一想呢？"

颜回很喜欢学习，有一次，颜回和子路一起到洙水洗澡，看到五色鸟在河中戏水。

颜回问子路说："这是什么鸟？"

子路说："这叫荧荧鸟。"

过了些日子，颜回又跟子路到泗水洗澡，又在河中看见五色鸟。

颜回再问子路说："您认得这鸟吗？"

子路说："这是同同鸟。"

颜回问："为何一种鸟有两个名字？"

子路说："就像鲁绢，煮之则为帛，染之则为皂。一种鸟有两个名字不是很自然吗？"

仲孙何忌问颜回说："仁者说一个字，一定对仁德、智力有好处，你能说给我听吗？"

颜回说："说一个字对智力有好处，没有比得上'预'字的了；说一个字对仁德有好处，没有比得上'恕'字的了。懂得什么不该做，便懂得什么是该做的了。"

鲁哀公十四年，颜回死了。他死后，孔子哭得很伤心。

孔子："哇！我这大道没得传了，天亡我也，天亡我也！"

曾子："老师，别哭得太悲痛了！"

孔子说："真的过于悲痛吗？我不为他悲痛，要为谁悲痛呢？"

颜回的父亲颜路请求孔子卖掉车子，替颜回买个外椁。

孔子说："无论有才无才都是个儿子。我的儿子孔鲤死时，有棺无椁。我不能卖车为颜回买棺椁，因为我做过大夫，不可以步行。"

颜回死后，门人想要厚葬他。

孔子说："不可以！"

门人还是厚葬了他。

孔子说："颜回把我当作父亲，我却不能把他当作儿子。不是我要厚葬颜回，是学生们背着我做的啊！"

孔子办完颜回的丧礼之后，颜回的父亲颜路送祭肉给孔子，孔子亲自出门接受。

进入房里，孔子先弹琴排遣感伤，然后才吃祭肉。

2. 闵损

闵损，字子骞，鲁国人，小孔子十五岁。孔子弟子中以德行修养而著称，在这方面和颜回齐名。

孔子对闵损的评价："闵子骞为寡言稳重，一旦开口语出中肯。"

闵子骞非常孝顺，他十岁丧母，父亲闵世恭再娶，继母李秀英给自己两个儿子做的棉衣里装的是棉花，给闵子骞做的棉衣里装的是不能御寒的芦花。

冬天父亲外出，闵子骞替父亲驾马，行至萧国时，闵子骞冷得直发抖，缰绳从手里掉下来，父亲握着他的手发觉手很冷，才知道他穿的棉衣装的是芦花，父亲非常生气，决定休了这个虐待他的继母。

闵子骞双膝跪地，苦劝父亲说："母在，一子单，母去，三子寒。请父亲留下高堂母，让全家得以团圆。"

继母深受感动，从此便对三个儿子一般看待。这个故事很感人，当时有人作诗称颂闵子骞的孝举："闵氏有贤郎，何曾怨后娘；车前留母在，三子免风霜。"

后来闵子骞拜孔子为师，由于家贫交不起学费，他奉上一缸精心酿制的佳酿。

门人嗤笑说："曹溪之水，怎能抵得上束修？"

孔子说："闵子骞千里求学，精神可嘉，虽是曹溪一滴，远胜束修百条。"

孔子赞美说："闵子骞真是个孝子啊！他顺事父母，友爱兄弟，人们都赞同他父母兄弟对他的赞誉。"

闵子骞品德很高尚，他随侍在孔子身旁，正直恭敬的样子。

季氏派人请闵子骞出任费城邑宰，闵子骞说："请替我婉言谢绝了吧！如果再来召我的话，我就渡过汶水出国去了。"

孔子说："他洁身自爱，不出任权臣的家臣，不接受昏君的俸禄。"

后来经孔子劝说，闵子骞还是做了费城邑宰。

他问孔子说："什么是治理民众的方法？"

孔子说："治理百姓有如驾马车，人民是马，国君是车夫，官吏是缰绳，刑罚是马鞭。君王执政，只要握好缰绳和马鞭就可以。"

孔子说："古代天子以内史为左右手，以德政法制为马的勒口，以百官为缰绳，以刑罚为马鞭，以万民为马。所以能驾驭天下数百年而不失去。"

孔子说："善于御马的人，要安正马的勒口，备好缰绳马鞭，均衡马力，人与马齐心合力。所以不吆喝，马便跟随着缰绳的松紧前进，不必扬鞭就能前进千里。"

鲁国人改建长府。

闵子骞说："照老样子就好，为何一定要改建呢？"

孔子说："闵子骞很少说话，但一开口就切中了要害。"

闵子骞把费邑治理得很好，但看不惯季氏行为，因此辞职随孔子周游列国，最后病卒于长清县。

3. 冉耕

冉耕，鲁国人，字伯牛，小孔子七岁。以品德操行闻名。伯牛的德行，与颜回、闵子骞等并驾，伯牛以德行见称于孔子的弟子中。

他曾任鲁国的中都宰，孔子很器重他。

伯牛得了绝症，不愿见人。

孔子去问候他时，从窗户外握着伯牛的手说："快要死了，伯牛命该如此吗？这种好人却得了这种病，这是命啊！"

4. 冉雍

冉雍，字仲弓，和冉耕、冉求同族。

鲁国人，小孔子二十九岁。

仲弓身处贫困，能矜持庄重，任用臣子像待客一样客气。不迁怒别人，不抱怨别人，不记恨别人的过失，这是仲弓的品行。

仲弓家世不好，父亲身份卑贱。

孔子说："即使是耕牛所生的小牛只要是毛色纯赤，头角端正，就具备了做牺牛的体德。虽然人们顾忌它的出身低，而不用来做祭牛，难道山川的神灵会舍弃它吗？"

孔子说："仲弓啊，他足以当一方长官。"

仲弓问："怎样才能算是仁？"

孔子说："出门要像拜见贵宾一样恭敬。派用老百姓做事时，要像负责大祭一样郑重。自己所不喜欢的，不要加在别人身上。在诸侯的邦国做事毫无怨言，在卿、大夫家做事也无怨言。"

仲弓说："我虽然稍鲁钝些，但我希望能遵照这些话去努力。"

有人说："仲弓有仁德，却没有口才。"

孔子说："要口才干什么？善辩者常让人讨厌。我不知道他是否有仁德，光有口才有什么用呢？"

仲弓问："子桑伯子这人如何？"

孔子说："不错，办事有原则。"

仲弓说："敬业又依法办事，这就已经很不错了。他还能以身作则，这才是真正有原则呀！"

孔子说："你说得对极了。"

仲弓做了季氏的家臣，问孔子说："如何管理政事？"

孔子说："使下属各司其职，赦免下属的小错，提拔贤才。"

仲弓又问："怎样知道谁是贤才呢？"

孔子说："先提拔你所知道的，至于你不知道，别人难道会埋没他吗？"

仲弓问："如何处理政事？"

孔子说："处世如同接待贵宾谦恭有礼，管理百姓如举行祭典谨慎，则能在诸侯国度任职无怨于人，在卿大夫家邑任职无怨于人。"

孔子认为仲弓在德行方面有成就。

孔子说："如果让他做卿大夫，仲弓必能独当一面。"

孔子评论仲弓说："有土地的君子，有民众可支配，有刑罚可施用，然后才称得上可迁怒于人。"

仲弓曾问政于孔子，孔子教仲弓存心敬恕重修身，办事从大体着想，多举贤才。

随孔子周游列国后，回鲁国的第三年，四十一岁的仲弓当上了鲁国季氏的总管。

仲弓问孔子说："我听说有严刑则不需要政令，有完善政令则不需要刑罚。有严刑不用政令，夏桀、商纣的时代就是如此。有完善政令不用刑罚，周成王、周康王的时代就是如此。这是真的吗？"

孔子说："圣人之治教化人民，必须刑罚政令相互使用。最好的办法是以道德教化民众，以礼统一思想。"

孔子说："其次是用政令刑罚教导民众，以刑罚禁止他们，是为了不用刑罚。教化而不改，教导又不听，损害义理败坏风俗者，只好以刑罚惩处。"

孔子说："专用五刑治民，必须符合天道，执行刑罚，罪行轻也不能赦免。刑就是侀；侀就是已成事实不可改变。所以审理案件官员要尽心。"

仲弓说："古代审理案件，判刑依事实不依内心。老师可以说给我听吗？"

孔子说："审理五刑之讼，必须推究父子之情，依君臣之义衡量，发挥忠爱之心探明案情。大司寇的职责是正定刑法，明断案情，审理案件，并听取群臣、群吏和万民意见。"

善于政事者

——冉求 子路

5. 冉求

冉求，字子有，和冉耕、冉雍同族。比孔子小二十九岁。冉求曾当过季孙氏家臣。后来曾随孔子周游列国。孔子晚年归隐鲁国，冉求出了不少力。

冉求学习时，跟孔子说："我不是不喜欢老师的学说，而是因为我能力不足。"

孔子说："能力不足会半途而废，但你是给自己划界限，不肯前进。"

冉求当官时，则尽责处理政务，不当官时，则在孔子门下学习。

孔子以《诗经》赞美冉求："接受大法小法，庇护下方诸侯，天子授予荣宠。不胆怯不惶恐，施神威奏战功。强壮又勇猛啊！
文采不胜质朴。"

尊敬长辈，同情幼小，不忘族人，喜好学习，博综群艺，体
恤万物而勤劳，这是冉求的品行。

孔子对他说："好学则有智，同情孤寡则仁爱，恭敬则近乎礼，
勤劳则有收获。尧舜忠诚谦恭，所以能称王天下。"

孔子很称赞他说："你应成为国家卿大夫。"

孔子对冉求的才艺也非常欣赏。

有一次，子路问："怎样才算才德兼备？"

孔子说："有臧武仲的智慧，孟公绰的不贪欲，卞庄子的勇敢，
冉求的才艺，并且熟悉礼乐，便算是才德兼备了。"

季康子问孔子说："冉求可以当官吗？"

孔子说："冉求多才多艺，当官有什么困难呢？"

冉求做季氏家臣之长。

孟武伯问孔子说："冉求有仁德吗？"

孔子说："在千户邑地或百辆兵车之家，可以让冉求当个总
管，但我也不知道他是否做到了仁。"

季康子又问："子路有仁德吗？"

孔子回答说："子路的仁德，有如冉求一样。"

季子然问："子路、冉求可称得上大臣吗？"

孔子说："我以为您问什么呢，原来是问子路和冉求啊。所谓大臣是以道侍奉君主，如果行不通就辞职。现在子路和冉求，只能称得上有才干的臣。"

季子然又问："他们会顺从君主吗？"

孔子说："杀父弑君的事，他们是不会跟着的。"

季康子要攻打颛臾。冉求、子路去见孔子说："季氏要对颛臾用兵了。"

孔子说："冉求！这难道不应该责备你们吗？颛臾曾做过先王的东盟主，就在鲁国境内，是鲁国臣属，为什么要去攻打它呢？"

冉求说："季氏要这么做，我和子路都不同意这么做。"

孔子说："冉求！周任说'能够贡献力量，才任官就职，如果不能则应辞职'。危险时不扶持，跌倒时不搀扶，要你这个助手何用？老虎犀牛跑出笼子，龟甲玉器在匣子里毁坏，是谁的过错？"

冉求说："现在颛臾国力坚强，距离费城很近，如果今天不攻取，将来必成为子孙的后患。"

孔子说："冉求！君子最痛恨不直说却找借口掩饰的人。我听说诸侯大夫不怕贫穷而怕不均，不怕人民少而怕不安定。因为均富则无贫穷，人民和睦就安定没有危险。如果远方的人不服就用仁政招揽他们；来了之后就要安抚他们。现在你二人辅助季氏，远方的人不归服却不能招揽他们；国内民心离散，你们不能保全，反而策划在国内动干戈。我只怕季孙的忧患不在颛臾，而在自己的内部。"

冉求曾经因为想替季康子增加税收，而被孔子责备。

孔子说："季氏的财富多过周公，而冉求还帮他搜刮钱财，增加季氏的财富。他不是我的学生了，你们可以敲锣打鼓地去声讨他。"

6. 子路

子路，字仲由，卞地方的人，比孔子小九岁。子路喜欢跟随孔子出游，曾遇到过长沮、桀溺、扛着农具的老人等隐士。

子路本来很粗野，喜欢逞勇斗力，气性刚猛爽直，头戴鸡冠帽，佩猪皮宝剑，曾欺凌孔子。孔子以礼乐诱导他，靡不有初，鲜克有终。

子路学会一件该做的事便立即实行，还没有做完时，就怕又学到另一件。

孔子说："穿了破旧袍服，跟穿着狐貉皮衣的人站在一起，而不觉穷酸难为情的，恐怕只有子路吧？"

子路说："老师，我终身铭记'不嫉妒不贪婪，有何不好'这句话。"

孔子说："这是应该做到的，怎么值得满足？"

子路问："怎样才算真正的士呢？"

孔子说："相互鼓励、相互批评、和睦相处，可算是士了。朋友之间相互鼓励、相互批评，兄弟之间和睦相处。"

孔子说："不过现在讲成人不必这样了，只要财利当前而能想到义，危难时能不顾生死，跟人有旧约，不要忘掉当时的诺言，也就可以算是成人了！"

子路问孔子说："如果让您来统率三军将士，您会选择谁来充当助手呢？"

孔子说："徒手斗猛虎、赤脚过深河、死而不悔的人我不需要。我要的是小心行事、以智取胜的人。"

子路问侍奉鬼神的道理。

孔子说："还不懂得侍奉人的道理，怎能懂得侍奉鬼的问题呢？"

子路问："请问有关死的问题？"

孔子说："不懂得生的道理，怎么能够知道死后的情形呢？"

　　孔子说："《诗经·大雅》说'没有不能开始的，但少有善终的'。不畏强权，不欺孤寡，说话遵循本性，堂堂正正，才能足以带兵，这是子路的品行。"

　　孔子说："自从我有了子路之后，再也听不到恶言恶语。"

　　子路是位个性刚猛、粗野爽直的鲁国勇士，喜欢逞凶斗狠。

　　有一天，子路头戴鸡冠帽，身穿战袍，佩猪皮宝剑，一脸凶相地跑到学堂想欺凌孔子。

　　面对孔子，子路赫然拔出剑来翩翩起舞。

　　孔子鼓掌笑道："剑舞得不错。"

　　子路问孔子说："请问，古代君子能以剑自卫吗？"

　　孔子说："古之君子以忠诚为本，以仁德为护卫，不出门能知天下事。"

　　子路说："如果遇到坏人怎么办？"

　　孔子说："有不善者，就用忠诚来教化他；有凶暴者，就用仁德约束他，哪用得着拿剑呢？"

　　子路说："子路今天听老师这番话，请让我到堂上接受您的教导吧。"

　　孔子说："好。"

　　第二天，子路身穿儒服，带着拜师礼，成为孔子的弟子。

　　孔子问子路说："你有什么爱好？"

子路说："我喜欢长剑。"

孔子说："我不问你这个。我是说凭你的能力，再加以努力学习，谁能比得上你呢？"

子路问："学习一定有用吗？"

孔子说："仁君如无进谏之臣，则会失正道；读书人无建言之友，就听不到善意批评。驾驭发狂之马，就不能放下马鞭；已拉开的弓，不能用檠来匡正；木料以墨绳矫正就能笔直，人常接受劝谏就会成为圣人。因此，君子不能不学习啊！"

子路说："南山有竹，不用矫正已经很直，砍来作箭杆可射穿犀牛皮。由此说来，哪用得着学习呢？"

孔子说："做好箭身再装上羽毛，做好箭头再打磨锋利，这样不是能射得更远吗？"

子路拜了两次说："我恭敬受教。"

孔子说："不努力就达不到目的，不行动就无收获，不忠诚就没有亲近的人，不讲信用就得不到信任，不恭敬就会失礼。你小心地记住这五点吧。"

子路说："老师的忠告我一辈子谨记在心，对于新朋友，如何才能保持亲近？如何才能话少又行得通？如何才能当善士又不受侵犯？"

孔子说："你的问题都包含在我的五个忠告里——新朋友能保

持亲近，依靠诚实；话少又行得通，依靠信用；当善士又不受侵犯，依靠礼仪。"

闵子骞随侍在孔子身旁，正直恭敬的样子；子路侍奉孔子时，刚强的样子；冉求、子贡侍奉时，温和快乐的样子。

孔子感到很欣慰，但他也担心地说："子路的个性急躁刚强，将来恐怕不会有好下场。"

孔子说："以子路弹瑟的水准，怎么配当我门下呢？"

孔子的学生们因此不尊敬子路。

孔子于是说："子路可以说是升堂了，只是还未入室而已。"

子路弹琴，孔子听了之后，对冉求说："子路不懂音乐！先王创作音乐，节奏和声优美，让音乐向南流传，禁止向北方扩散。是由于南方是孕育万物之地，北方是杀伐征战之地，君子之音以温柔居中，以养生孕育之气，心中没有忧愁之感，身体没有暴力之动。这种音乐风格，就是太平盛世之风。"

"小人之音则不然，乐风猛烈骚动，象征征战杀伐之气，心中没有祥和之感，身体没有温和之动。这种音乐风格，就是乱世之风。"

当初舜弹奏五弦琴，制作《南风》之诗，诗中之词曰：

陟彼三山兮商岳嵯峨，

天降五老兮迎我来歌。

有黄龙兮自出于河，

负书图兮委蛇罗沙。

案图观谶兮闵天嗟嗟，

击石拊韶兮沦幽洞微，

鸟兽跄跄兮凤凰来仪，

凯风自南兮喟其增叹。

南风之薰兮，可以解吾民之愠兮。

南风之时兮，可以阜吾民之财兮。

登上三山啊！商岳巍峨高耸，

上天指派五老唱着歌来迎接我。

有一条黄龙从黄河里钻出，

负着河图洛书，身躯逶迤舞动。

看着河图洛书，探索天意，连声慨叹，

在石头上按《韶乐》打拍子，思考精微问题，

鸟兽急忙奔走，原是凤凰出世，

和煦的暖风，增添了我的感叹。

多么温馨的南风啊！能解除百姓忧愁；

多么及时的南风啊！能增加百姓财富。

"子路啊！匹夫之徒无视先王之制，沉湎于亡国之声，将来怎能保全六七尺之躯呢？"

冉求把孔子的话告诉了子路，子路听了之后非常不安，也很后悔，静坐思考，不吃不喝，乃至瘦得形销骨立。

孔子说："有过而能改，子路又进一步了！"

子路问孔子说："鲁国大夫练祭之后，即上床归寝，合乎礼制吗？"

孔子说："我不知道。"

子路走出屋外对子贡说："我以为老师无所不知，原来老师也有不知道的事情。"

子贡说："你问老师什么？"

子路说："我问他'鲁国大夫在练祭之后就上床归寝，这符合礼制吗'，老师说'我不知道'。"

子贡说："我替你再问一次。"

子贡进入屋内问孔子说："练祭之后，即上床归寝，合乎礼制吗？"

孔子说："不符合礼制。"

子贡走出屋外对子路道："你说老师也有不知道的事情，老师确是无所不知的。是你问的方式不对。礼制上同时规定，居住在某地时不能当他那里的大夫。"

有一次，孔子出外游山时，让子路去打水，在水边遇上老虎，于是子路跟虎搏斗起来，不料扯断虎尾，只好揣到怀中。

子路打水回来，问孔子说："上等士人怎么打虎？"

孔子说："上等士人打虎抓住虎脑袋。"

子路又问："中等士人怎么打虎？"

孔子说："中等士人打虎抓虎耳朵。"

子路又问："下等士人怎么打虎？"

孔子说："下等士人打虎抓尾巴。"

子路拿出尾巴扔掉了，又揣起一块石盘，说："老师既然知道虎在水边，还让我去打水，这是想害死我呀。"

子路问："上等士人用什么杀人？"

孔子说："上等士人用笔。"

子路又问："中等士人用什么杀人？"

孔子说："中等士人用语言。"

子路问："下等士人怎么杀人？"

孔子说："下等士人用石盘。"

于是子路扔掉石盘走了。

子路曾救起一名溺水者，那人感谢他送了他一头牛，子路收下了。

孔子高兴地说："从此鲁国人一定会勇于救落水者了。"

子路说："是啊！是啊！好心有好报。"

孟武伯问孔子："子路做到了仁吗？"

孔子说："我不知道。"

孟武伯又问。

孔子说："在拥有一千辆兵车的国家里，可以让子路管理军事，但我不知道他是否做到了仁。"

季孙氏问孔子说："子路可以作为人臣吗？"

孔子回答说："他可以当备用的臣子。"

子路当过几年季孙氏的家臣，他对作为臣子必须要忠诚很有自己的原则。

小邾国的大夫射以句绎逃亡到鲁国，说："派子路和我口头约定，我们可以不用盟誓了。"

季康子让子路去，子路辞谢。

季康子派冉求对子路说："千乘之国不相信盟誓，而相信您的话，您有何屈辱呢？"

子路回答说："鲁国如果和小邾国发生战争，我不敢询问原因，战死在城下就行了。他不尽臣道反而要实现他的话，这是把他的不忠当成正义，我不能那么做。"

季子然问："子路、冉求可称得上大臣吗？"

孔子说："我以为您问什么呢，原来是问子路和冉求啊。所谓大臣是以道侍奉君主，如果行不通就辞职。现在子路和冉求，只能称得上有才干的臣。"

季子然又问："他们会顺从君主吗？"

孔子说："杀父弑君的事，他们是不会跟着的。"

子路问孔子："什么是为政之道？"

孔子说："要身先士卒、以身作则，自己能够耐得住劳苦，人民再劳苦也不会怨恨。"

子路说："还有什么要特别注意的吗？"

孔子说："持之以恒。"

子路问："什么是跟国君相处之道？"

孔子说:"不要欺瞒国君,以至诚心犯颜直谏。"

有一次,孔子得了重病,子路令同学充当孔子的家臣。孔子病情好转之后,说:"很久以来子路就喜欢做这种事!明明我没有家臣却冒出了家臣。我欺骗谁呢?欺骗天吗?与其在家臣侍候下死去,我宁可让学生替我送终!即使我不能以大夫之礼来安葬,难道就会被丢在路边没人埋吗?"

子路治理蒲邑,求见孔子说:"希望老师多多指教。"

孔子说:"蒲邑那个地方怎样?"

子路回答说:"邑中多壮士,治理很困难。"

孔子说:"是这样吗?我告诉你,谦恭而有礼,可以使勇猛之士敬畏;宽厚而正直,可安抚强者;怜爱而宽恕,可容纳穷困;温和而果断,可以抑制奸人。各种办法并用,治理就不难了。"

子路当蒲城邑宰时,为了防范水灾,跟百姓一起修筑沟渠。由于百姓劳动辛苦,子路发给每个人一箪饭食和一壶汤水。

孔子听说这件事,派子贡去阻止。

子路非常不高兴,于是去见孔子说:"我因为暴雨将至,担心水灾,所以跟百姓一起修筑沟渠。百姓很多人缺粮饥饿,因此发给每个人一箪饭食、一壶汤水。"

子路说："老师派子贡来阻止，这是老师阻止我行仁。老师平时用仁来教导我们，现在却禁止我行仁，我无法接受。"

孔子说："既然你知道人民饥饿，为何不向国君报告，请他打开粮仓来救济百姓？你私下把食物送给百姓，这将突显国君没恩德，而自己享有美德。你赶快停止这种行为，否则必见罪于上司。"

子路才猛然发现自己的错误："老师，我错了。"

子路治理蒲地三年。

孔子经过蒲地，刚入蒲境时说："子路很不错！恭敬又有信。"

进到城里说："子路很不错！忠信又宽宏大度。"

到了厅堂说："子路很不错！明察政事又能决断。"

子贡执马缰绳问道："您没看见子路处理政事，却三次夸奖他，您可以说给我听吗？"

孔子说："我已经看见他治理政事了。进入蒲地边境，看到田地杂草都清除干净，沟渠水道挖得很深，这是因为他恭敬又有信，所以百姓全力以赴。"

子贡说："是的。"

孔子说："进入城里，看到墙壁房屋坚固，树木茂盛，这是因为他忠信又宽宏大度，所以百姓不苟且行事。"

子贡说："是的。"

孔子说："到了厅堂，清静闲适，所有的下人都听从命令，这是因为他明察政事又能决断，所以政事不被干扰。"

子贡说："是的。"

孔子说："如此看来，我三次夸奖他，就能说尽他的一切优点吗？"

子贡说："老师明察秋毫。"

孔子说："理想无法实现了，我想乘筏浮游于海上。会跟我走的只有子路吧？"

子路听说后，很高兴。

孔子说："子路比我勇敢，但他缺乏才能。"

孔子对子路评价很高，他说："只凭一面之词就可以断案，大概只有子路吧？子路从来没有拖延过自己的承诺。"

鲁哀公十五年，子路和子羔同时在卫国做官时，卫国发生叛乱。

卫灵公的太子蒯聩曾得罪卫灵公的宠姬南子，害怕被她谋杀而逃亡国外。卫灵公去世之后，南子想让公子郢继承卫国王位，但公子郢不肯接受。

公子郢说："太子虽然逃亡了，太子的儿子辄还在。"

于是卫国立辄为国君，是为卫出公。卫出公继位十二年，他的父亲蒯聩一直流亡国外无法回国。

这时子路担任卫国大夫孔悝家邑的官职，蒯聩和孔悝一同作乱，蒯聩设法潜入孔悝的家中，和他的党徒们一起袭击卫出公。卫出公逃往鲁国，他的父亲蒯聩则进宫即位为卫庄公。

孔悝作乱时，子路有事在外，听到这消息就立刻赶回来。子羔从卫国城门出来，正好遇到子路。

子羔对子路说："卫出公已经逃走了，城门也关闭了，您赶快回去不要受卫出公牵连。"

子路说："吃人家粮食，就不能回避人家的灾难。"

子羔只好走了。

这时正好有使者进城，城门开了，子路就跟着进城。子路找到蒯聩，蒯聩和孔悝两人都在台上。

子路说："大王为什么要任用孔悝呢？让我杀了他吧。"

蒯聩不听从他的劝说。子路要纵火烧台，蒯聩害怕了，于是叫石乞、壶黡到台下去攻打子路，斩断了子路的帽带。

子路说："君子可以死，帽子不能掉下来。"

话一说完，系好帽子，就被卫国人壶黡杀死了。

孔子听到卫国发生暴乱的消息，之后说："子羔会回来，子路则会死于这场叛乱。"

不久，卫国使者说："子路死于这场叛乱。"

孔子在中庭哭子路。

有人来慰问，孔子以主人身份答拜。

孔子哭过之后，召使者进来问子路的死况。

使者说："子路已经被砍成肉酱了。"

孔子就把家里的肉酱通通倒掉，孔子说："我以后怎忍心吃肉酱呢？"

子路死后，他的儿子仲子崔去拜见孔子。

仲子崔说："我要到卫国替父亲报仇。"

孔子说："好，你可以出发了。"

仲子崔出发后，卫国壶黡已得知消息。

壶黡说："君子不杀无所准备的人，后天到城西决一死战。"

那一天两人决战，仲子崔轻易地杀死壶黡。之后仲子崔才发现对方拿的是蒲柳制的弓、木头制的戟，原来壶黡早已准备让仲子崔完成替父亲报仇的心愿。

擅长言语者

——宰予　子贡

7. 宰予

宰予，字子我，鲁国人。他口齿伶俐、能言善辩。

哀公问宰予说："制作土地爷，应该用哪种木头？"

宰予说："夏朝用松木，殷商用柏木，周朝用栗木，为了使人民战栗。"

孔子听了之后说："以前的事不用再评论，做完的事不用再争议，既往不咎。"

宰予问："有仁德的人，人家告诉他说有人掉下井里了，他是不是要跳下去救呢？"

孔子说："为什么要这样呢？君子是要到井边救人的，但是不会跳下去的；君子可能会受骗，却不会昧于事理。"

宰予曾与孔子讨论三年丧期的礼制及仁的问题，宰予因反对服丧三年而受孔子批评。

宰予问孔子说："为父母守丧三年太久了吧？君子三年不习礼仪，礼仪必败坏；三年不奏乐，乐必被毁掉。陈谷吃完，新谷又长。钻木取火的老方法也该改一改了，守孝一年就够了。"

孔子说："守丧不满三年就吃白米饭，穿锦衣，你能心安吗？"

宰予说："心安。"

孔子说："你心安，那么你就那样做吧！君子有丧在身，吃美食不觉得味美，听音乐不觉得快乐，闲居不觉得安适，所以不做。现在你心安，那么你就做吧。"

宰予出去之后，孔子说："宰予不是个仁人君子啊！孩子出生三年，才能离开父母怀抱。为父母守孝三年，是天下共同遵行之礼啊。"

孔子担任鲁国司寇时，去拜见季康子。季康子不高兴，孔子仍然要去拜见他。

宰予走上前说："老师曾经说'王公贵族要是不重礼聘请我，我就不主动去找他们'。老师当司寇时间不长，但已经委曲求全多次，不可以停止吗？"

孔子说："鲁国以众欺少，长期以兵侵犯别人，官员不管则天下大乱。鲁国聘我为司寇，有什么事会比这个更重要的呢？"

鲁国人听说这件事后说："这么贤能的人治理我们国家，我们为何还去做违法乱纪之事？"

从此以后，国内不再有自私的百姓。

孔子对宰予说："离山十里之远，还能听到蟪蛄鸣叫的声音，所以为政者，要倾听百姓的意见，然后才实行。"

宰予问孔子说："什么是五帝的德行？"

孔子回答说："你不是问这种问题的人。"

孔子说："宰予谈吐优雅，但人格比不上他的谈吐。澹台灭明面貌丑陋，但能力很好。"

宰予在白天睡大觉。

孔子说："腐朽的木头不可以雕刻，肮脏的土墙不能够粉饰。对宰予这种人，还有什么好苛责的！"

孔子又说："以前我对人的看法，听他所说的就相信他所做的也是这样；现在我对人的看法，听他所说的还要看他所做的是不是一样。这是宰予改变了我的观念。"

宰予听到这话非常害怕，不敢见孔子。

后来宰予出任齐国临灾大夫。跟田常一起同谋作乱，因此害得全家跟他一起遇害。

孔子很为他感到羞耻惋惜。孔子说："宰予啊！宰予，十分可惜。"

8. 子贡

端木赐，字子贡，卫国人，小孔子三十一岁。子贡口才好，能言善辩，爱宣扬别人的长处，却也不隐匿人家的过失。子贡智商很高，善于用语言游说谈判。不止一次帮助鲁、卫两国解除困局。子贡家境富裕，善于做生意，拥有千金财产，晚年死在齐国。

有一次卫君到吴国朝拜吴王，吴王夫差囚禁他，还想把卫君流放海边。鲁哀公听到此事，撤去宫中钟鼓，穿白色素服上朝。

孔子问："君王为何面有忧色呢？"

鲁哀公说："卫君到吴国朝拜吴王，却被吴王囚禁，还想把他流放海边。吴王让卫君遭此劫难，我想拯救他又做不到，不知如何是好。"

孔子说："使卫君逃脱此难，只有请求子贡出马。"

鲁君召见子贡，授予将军印信。

子贡辞谢道："尊贵身份无益于解除卫君的灾难，而在于所采取的办法。"

子贡出发到吴国，先拜见太宰伯嚭。

子贡说："请问，您能不能劝说吴王呢？"

太宰伯嚭说："什么事要劝吴王？"

子贡说："卫君要来吴国时，有一半卫国人说'不如去朝拜晋国'，而另一半人说'不如朝拜吴国'。卫君认为归附吴国能保全性命，才负荆请罪到吴国。而今你们接受卫君归降又囚禁他，还要把他流放海边，这岂不是奖赏亲晋派、处罚亲吴派吗？现在各国诸侯看到卫君朝拜吴国没有好结果，都将心向晋国。吴国想成就霸主不是更难了吗？"

太宰伯嚭听了很有道理，便入宫向吴王转诉子贡的意见。

吴王说："子贡分析得很对。"

于是便放卫君回卫国。

处理这件事，子贡可算是深知游说手段的人了。

孔子在卫国期间，田常想要在齐国叛乱，因为害怕高昭子、国惠子、鲍牧、晏圉的势力，因此想移师攻打鲁国。

孔子听说这件事，对门人说："鲁国是父母之国，不可不救。所以我想向田常委曲求全以救鲁国，你们有谁愿意出使齐国？"

子路说："我愿意出使齐国。"

孔子没答应。

子张请求救鲁，孔子不答应。

公孙龙请求救鲁，孔子也不答应。

子路、子张、公孙龙三人退出来，对子贡说："老师想向田常委曲求全，以援救鲁国，我们三个请求出使齐国都被拒绝。这是你施展辩才的好机会，为何你不请求前往呢？"

子贡请求救鲁，孔子答应了。于是子贡前往齐国。

子贡游说田常说："攻打鲁国是错的。鲁国是难攻的国家，它城墙既薄又矮，护城河狭窄水浅，鲁君愚昧又不仁慈，大臣虚伪又不中用，士兵百姓厌恶打仗，这样的国家不能跟它交战。应该去攻打吴国吧？"

子贡说："吴国城高厚实，护城河宽阔水深，铠甲坚固崭新，士卒精神饱满，人才与精锐的部队都在那里，又派英明大臣守卫，这样的国家是容易攻打的。"

田常顿时很愤怒，脸色一变说："别人认为容易的，你认为难；别人认为难的，你认为容易。你这话是何用心？"

子贡说："我听说忧患在国内的，要去攻打强国；忧患在国外的，要去攻打弱国。如今您的忧患在国内。我听说您多次被授封号未成，是因为朝中大臣反对您呀。

"现在您要攻占鲁国来扩充齐国疆域，如果打胜了，您的国君就更骄纵。占领鲁国土地，国之大臣就更加尊贵，而您的功劳都不在其中，如此一来您和国君的关系会一天天地疏远。对上，您使国君更加骄纵；对下，您使大臣更加放纵，想要以此成就大业就更困难了。

"大臣骄纵，则争权夺利。如此一来，对上，您和国君会产生裂痕；对下，您和大臣将相互争斗，您在齐国的处境就更危险了。因此不如攻打吴国，如果伐吴不能获胜，百姓死在国外，大臣率兵作战，朝廷空虚。如此一来，在上没有强臣对抗，在下没有百姓非难，孤立国君、专制齐国的只有您了。"

田常说："好！可是我的军队已经开赴鲁国了，如今由鲁撤军伐吴。大臣们怀疑我该如何？"

子贡说："您按兵不动不要进攻，我为您出使吴国见吴王，令他出兵援鲁而攻打齐国，您就可趁机出兵迎击。"

田常接受了子贡的意见，派他南下去见吴王。

子贡游说吴王说："我听说施行王道不能让诸侯灭绝，施行霸道不能让强敌出现，在千斤重物上，加上铢两也可能因之而位移。

"如果万乘之齐再占有千乘之鲁，和吴国争高低，我替大王感到不安。况且援救鲁国是能显扬名声之事；攻打齐国是能获大利之事。安抚泗水以北各国诸侯，讨伐暴齐，以镇服晋国，利益可真大啊！

"名义上保存危亡鲁国，实际上阻绝强齐扩张，这道理智者应该都知道的。"

吴王说："好极了！可是我曾和越国作战，越王退守会稽山上，自我刻苦，优待士兵，他决心复仇。等我攻打越国之后再依您的话做吧。"

子贡说："越国力量不超过鲁国，吴国强大不超过齐国，大王搁置齐国去攻打越国，如此齐国早已平定鲁国了，况且大王不趁救亡鲁之名讨伐齐国，却攻打弱小的越国而害怕强齐，这不是勇敢的表现。

"勇者不回避艰难，仁者不让别人陷入困境。智者不错失时机，王者不让国家灭绝，你应该凭此来树立道义。

"现在保存越国，向各国诸侯示之以仁，援鲁伐齐，威加晋国，各国诸侯定会竞相来吴国朝见，称霸天下的大业就成功了。

"如果大王畏忌越国，我请求东去会见越王，让他派出军队追随您，这将使越国空虚，名义上追随诸侯伐齐。"

吴王听了很高兴，于是派子贡到越国去。

越王清扫道路，亲自到郊外迎接子贡，并亲自为子贡驾车到下榻的馆舍。

越王问子贡说："我们蛮夷之国，大夫怎屈辱身份来到这里呢？"

子贡回答说："现在我已劝说吴王援救鲁国攻打齐国，他心里想要这么做却害怕越国，说'等我先攻下越国再说'。如此一来，攻破越国是必然的了。

"无报复之心，而使人怀疑，则太拙劣了；有报复之心，却让人知道，则不能保全；事情未发动，却让人知道，则非常危险。这三种是行事最大祸患。"

勾践听罢叩头伏地再拜。

勾践说："我不自量力和吴国交战，被围困于会稽山，恨入骨髓，日夜唇焦舌燥，一心想与吴王玉石俱焚，这是我的心愿。"

于是问子贡："请问该怎么办？"

子贡说："吴王凶猛残暴，群臣难以忍受；国家经常打仗，士卒不能忍耐；百姓怨恨国君，大臣发生变乱。伍子胥谏诤被杀死，太宰伯嚭执政当权，顺应国君的过失，用来保全自己的私利，这是伤害国家的举动啊！如果大王能出兵辅佐吴王，投合他的心志，以重金获取他的欢心，以谦卑言辞尊敬他，他一定会攻打齐国的。如果战争不能胜，就是您的福气。如果打胜了，他一定会带兵逼近晋国，请让我北上会见晋国国君，让他伐吴，定能削弱吴国势力。等吴国精锐部队消耗在齐国，重兵又被晋国牵制住，大王趁它疲惫不堪之时攻打它，必能消灭吴国。"

越王非常高兴，答应照计行动，并送给子贡黄金百镒，宝剑一把，良矛二支。子贡没接受就走了。

子贡回报吴王说："我郑重地把大王的话告诉了越王，越王惶恐地说‘我不幸从小失去父亲，又不自量力触犯吴国而获罪，军队被打败，受辱栖居会稽山，国家成荒凉废墟，仰赖大王恩赐，使我能捧祭品祭祖，我至死不敢忘怀，怎会另有其他的打算呢’。"

过了五天，越国派大夫文种以头叩地，对吴王说："东海之臣勾践，派使者文种前来吴国修好，听说大王将发动正义之师，讨伐强齐，安抚周朝王室，请求出动越国境内全部军队三千人，勾践请求亲自披挂铠甲、愿在前冒箭石的危险。因此派臣子文种进献祖先宝器，铠甲十二件，斧头卢矛、步光之剑，以作吴军贺礼。"

吴王听了非常高兴，把文种的话告诉子贡说："越王想跟随我攻打齐国，可以吗？"

子贡回答说："不可以！这会使国内空虚；调别人军队，还要别人国君跟随出征，这是不义。你可接受礼物，允许他派军队，辞去他的国君随行。"

吴王同意了，就辞谢越王。

于是吴王就调动九郡兵力，攻打齐国。

　　子贡因而离开吴国前往晋国，对晋国国君说："我听说不先谋划计策，则不能应付变化，不事先治好军队，则不能战胜敌人。现在齐国和吴国即将开战，如果吴国不能取胜，则越国必趁机攻吴；如果吴国战胜齐国，吴王必会带军逼近晋国。"

　　晋国国君恐慌地说："该怎么办才好呢？"

　　子贡说："整治武器，休养士卒，等吴军到来。"

　　晋君依他的话做了。

　　子贡离开晋国前往鲁国。吴王果然在艾陵把齐军打得大败，俘虏了七个将军而不肯班师回国，也带兵逼近晋国，和晋军在黄池相遇。

　　越王听到吴军与晋军交手落得惨败的消息，便渡江袭击吴国，直到距离吴国都城七里才扎营。吴王听到这个消息，离开晋国返回吴国，和越军在五湖作战。多次战斗都失败了，连城门都守不住了，于是越军包围了王宫，杀死吴王夫差和国相。灭吴三年之后，越国称霸东边。

　　因此子贡一出手，保全鲁国，扰乱齐国，灭掉吴国，使晋国强大，使越国称霸。

　　子贡一次出使，使各国形势相应变化。

　　十年当中，齐、鲁、吴、晋、越五国形势产生根本的变化。

　　孔子说："使齐国动乱而保存鲁国，是我的愿望。使晋国强大而使吴国凋敝，令吴国灭亡而越国称霸天下，是子贡游说的功劳啊！但是美丽的言辞危害语言的真实性，对语言不可不慎重啊！"

子贡问孔子说："如何对待朋友？"

孔子说："朋友有过失，要尽心尽力劝告他，并引导他向善。朋友要是不接受劝导就算了，不要再自讨没趣了。"

子贡问："如何才能称之为士呢？

孔子说："做事有羞耻心，出使外国能不辱使命。便可以称之为士了。"

子贡说："请问，次一等的呢？"

孔子说："宗族称赞他孝顺父母，乡亲们称赞他尊敬兄长。"

子贡说："请问，再次一等的呢？"

孔子说："言必有信，行必有果。这只是固执己见的小人！但也可以算最下等的士了。"

子贡又说："现在从政的那些人怎么样？"

孔子说："唉！这些器量狭小的人，算什么呢？"

子贡问孔子说："当今的大臣，谁最贤能？"

孔子说："我不知道。从前齐国有鲍叔牙，郑国有子皮，他们都是贤人。"

子贡说："齐国不是有管仲吗？郑国不是有子产吗？"

孔子说："赐，你只知其一不知其二。你认为自己努力成为贤人的人贤呢，还是能推荐贤能者的人贤能？"

子贡说："能推荐贤人的人贤能。"

孔子说："这就对了。我听说鲍叔牙使管仲被重用，子皮使子产显达，却没听说管仲和子产让比他们更有能力者，被人重用而显达。"

子贡参观鲁国太庙北堂，回来之后，问孔子说："刚才我参观太庙北堂，发现北门用一块断木拼接而成。是故意的呢还是木匠的过失？"

孔子说："建造太庙厅堂是良匠，良匠选用良材，极尽工巧和精良，建造太庙的时间又很长。北门用断木拼接不会是失误，应该有特殊的理由。"

子贡出席秋收腊月的乡饮酒会。

孔子问子贡说："你参加乡饮酒会，很快乐吗？"

子贡说："人民都欣喜若狂，我不知道他们为何这么快乐？"

孔子说："人民经过一整年劳苦，能得一日狂欢，他们的快乐你当然无法体会。让人民长久劳动而不休息，则会折损民力。人民长期休息不劳动，则会养成惰性。劳逸相参张弛以时，才是治民之道。"

子贡问孔子说:"人死了还有知觉吗?"

孔子说:"如果我说死者有知觉,怕世间孝子为了葬礼而妨害生活。如果我说死者无知觉,怕世间不孝子抛弃亲人而不埋葬。赐啊!人死后有没有知觉,不是当务之急,以后你自己会知道。"

鲁国有一道法律,如果鲁国人在诸侯国见到鲁人沦落为奴隶,只要能将他们赎回恢复自由,就能从国家获得补偿。子贡把鲁国人从外国赎回,但不向国家领取金钱。

孔子听了这件事说:"子贡你错了!圣人做事可改变风气,成为百姓榜样。但今天鲁国富人少穷人多,如果赎人拿国家的钱意味着不廉洁,就没有人再去赎回遇难的同胞了。"

子贡说:"是的,老师我错了。"

子贡说:"贫穷却不阿谀奉承,富贵却不骄傲,这样的人如何?"

孔子说:"算是不错了。但还不如穷而乐、富而好礼的人。"

子贡说:"《诗经》说'如玉器加工,切了再磋,琢了再磨',对吗?"

孔子说："子贡啊！现在可以与你谈诗了。我说过去，你便知道未来。"

子贡问："如何修养仁德？"

孔子说："工匠要做好他的工作，一定先要磨快他所用的工具。住在一个国家里，应该在贤能的官吏下服务，应该结交有仁德的士人。"

孔子说："我想不说话了。"

子贡说："如果老师不说话，那么我们还学些什么？"

孔子说："天何尝说过什么？天不说话，照样四季运行，百物生长。天何尝说过什么呢？"

子贡说："管仲不为公子纠殉死，反而做了齐桓公的宰相，怎能算是仁呢？"

孔子说："管仲辅佐齐桓公称霸诸侯，匡正了天下，老百姓到现在还受到他的恩赐。如果没有管仲，恐怕我们已经被披头散发、衣襟向左开的异邦人统治了。难道要像妇人那样拘小节，自杀在小山沟里，无人知道才好吗？"

子贡想要把告朔祭祀所供奉的羊废除。

子贡说："老师，把告朔祭的羊省了吧？"

孔子说："子贡啊！你是舍不得那只羊，我却舍不得那种礼。"

子贡喜欢批评别人的长短。

孔子说："子贡啊，你自己是不是都好呢？至于我，就没有闲工夫去批评别人了！"

子贡说："我不愿被迫做自己所不愿做的事情，我也不强迫别人去做。"

孔子说："子贡啊！这不是你能做到的。"

据说，子贡师事孔子一年之后，自以为学识已经超过孔子，二年后，他还自以为学识和孔子差不多，三年后，子贡才真正了解学识距离孔子一万八千里。

子贡谒见吴国太宰伯嚭。

太宰伯嚭问子贡说："孔子这人怎么样？"

子贡说："我无法了解他。"

太宰伯嚭问："你不了解他，为何要以他为师呢？"

子贡回答说："就因为不了解他，所以拜他为师。孔子他好比大山林一样，人们能从他那里得到各自需要的东西。"

太宰伯嚭又问："你对孔子有什么增益吗？"

子贡回答说："孔子是不能增益什么的。再说我好比那一小堆泥土，用一小堆泥土来增添大山，不仅不能增加大山的高度，而且是不明智的。"

太宰伯嚭问："那么你酌取到什么吗？"

子贡说："天下有大酒缸，但只有你不去斟饮，不知这是谁的过错？"

太宰伯嚭问子贡说："孔先生是圣人吗？他怎么有这么多的才能呢？"

子贡回答说："上苍要他成为圣人，因此才让他多才多艺。"

孔子在学堂闲居，子牢、公西赤随侍在旁。

子贡回来告诉孔子说："太宰问我老师您是不是圣人。"

孔子说："太宰了解我吗？因为小时候我很贫穷，所以才学会不少技艺。君子有这样多技艺吗？我想是不可能的。"

子牢说："老师曾说过'我因为不被世人所用，所以才学会这么多的技艺啊'。"

孔子说:"如果说我是圣人或仁人,我怎么敢当呢?不过倒是可以这样说我:永不满足自己的修养,教导别人从不感到疲倦。"

公西赤说:"这正是我们学不到的。"

赵简子问子贡说:"孔子为人怎么样?"

子贡回答说:"我不能了解。"

赵简子不高兴地说:"先生跟随孔子几十年,完成学业才离开他,我问到你,你却说不能了解,这是什么道理?"

子贡说:"我好比那口渴的人到大江大海去饮水,只知道解渴罢了。孔子好比大江大海,我又怎么能够了解他?"

赵简子说:"子贡这番话讲得真好啊!"

孔子跟子贡一起到野外,看到庄稼生长过程的三种变化:种子、小苗、熟穗,悠远盛大。

孔子感叹说:"狐狸死后,头向着出生的丘穴,庄稼熟后穗向着自己的根,我的头向着自己的理想。"

子贡问孔子说:"我想居人之下,不知如何才能做到这一点?"

孔子说:"甘居人之下者,就像泥土一样!在上面耕褥就长出五谷，向下挖掘就有甘泉，草木能在上面繁殖，禽兽能在上面养育，活着的人站立在上面，死了的人葬入里面，人们赞赏它的功劳，它却不开口。甘居人之下者如同泥土一样吧？"

子贡利口巧辞，善于雄辩，且有干济才，办事通达。曾任鲁、卫两国之相。他还善于经商之道，曾经经商于曹国、鲁国两国之间，富至千金，是孔子弟子中的首富。

孔子去世前子贡未能赶到，孔子去世后，弟子们都服丧三年。

三年守丧完毕，有的又留了下来，有的离开。只有子贡在墓旁搭一间小茅屋，守墓六年才离去，是弟子中为孔子守丧最长的。

精通文学者

——子游　子夏

9. 子游

言偃，字子游，鲁国人。比孔子小四十五岁，以文学著名。

孔子说："事前思考，事情来临依计划而行，就不会有错，这是子游的品行。要有才能则学习，要有知识则多问，要把事情做好则谨慎，要成功则事先准备。依此行动，子游做到了。"

子游受业以后，出任武城的长官，用礼乐教育士民，境内到处有弦歌之声，孔子对此表示赞赏。

孔子问他说："你在那里发现人才了吗？"

子游回答说："有个叫澹台灭明的人，从来不走邪路，没有公事从不到我的屋子里来。"

孔子路过武城，听见弹琴唱歌的声音。

孔子微笑着说："杀鸡何必用宰牛的刀呢？"

子游回答说："以前我听老师说过：'君子学习礼乐就能爱人，小人学习礼乐就容易指使。'"

孔子对随行的学生们说："同学们！子游说得对，刚才我是在开玩笑罢了。"

子游和子夏同列文学科，文学指诗、书、礼、乐文章而言，所以子游之学以习礼自见，更重要的是他能行礼乐之教。孔子认为子游熟习文章博学。

孔子死后，曾子、子游、子夏、子张等人分别在各地办学，传播孔子之道。

子游说："服侍君主太频繁，会自取其辱；在朋友面前爱唠叨，就会被疏远。"

子游说："子夏的学生，只能做些打扫和接待客人的小事。没学到根本性的东西，这怎么能行呢？"

子夏听到之后说："哎！子游错了，君子之道应该先教什么，后教什么。就像草木一样，都是分门别类的。君子之道怎能随意歪曲，来欺骗学生呢？会依次序有始有终地教授学生的，恐怕只有圣人吧！”

10. 子夏

卜商，字子夏，卫国人，小孔子四十五岁。子夏出身贫穷，他从卫国到鲁国拜孔子为师，精通文学。

子夏长于文学，对诗有深入的研究，能通其义理，著有诗序。

孔子曾用《诗经》的话夸奖他："学习深入，宾客送迎，恭恭敬敬，和上下级来往，界限分明，这是子夏的品行。'态度平和公正，就不会受小人危害。'像子夏这样，大概不至于有危险了。"

孔子对子夏说："你要做有才德的读书人，不要做浅薄不正派的读书人。"

孔子对子夏说："你知道只有君子才能成为君王吗？"

子夏说："我知道，君王是鱼，百姓是水。"

孔子说："怎么说？"

子夏说："鱼离开水，鱼就会死。水失去鱼，水还是水。"

孔子说："子夏，你确实懂得治国之道。"

孔子对子夏说："君王好比是盂，百姓好比是水。"

子夏说："老师的比喻不错。"

孔子说："盂方形，盂中水也呈方形；盂圆形，盂中水也呈圆形。君王喜好什么，百姓能不随从吗？"

子夏说："是的，老师。"

子夏问孔子说："颜回为人如何？"

孔子说："颜回比我诚信。"

子夏问："子贡为人如何？"

孔子说："子贡比我聪敏。"

子夏问："子路为人如何？"

孔子说："子路比我勇敢。"

子夏问："子张为人如何？"

孔子说："子张比我庄重。"

子夏离开座位问道："他们四人为何还拜您为师呢？"

孔子说："坐下来，我告诉你。颜回诚信却不能失信，子贡聪敏却不能委曲求全，子路勇敢却不能怯弱，子张庄重却不能和别人打成一片。把这四个人的优点跟我交换，我也不肯。这就是他们拜我为师的原因。"

子夏刚读完《诗经》，孔子问他说："你为何把《诗经》看得这么重要呢？"

子夏回答说："《诗经》在赋事时，真是光彩灿烂有如日月一般明亮，明明晃晃有如星辰一样闪烁。往上说，诗中有尧舜的治国圣道；往下说，诗中有三王的仁爱礼义。弟子不敢忘记先王之教。即使身居茅屋之中，也要弹琴歌咏先王之风。有人理解也乐，无人理解也乐，奋发向上以至于忘食。《诗经》上写道'横木当门，可以栖息。泉水洋洋，可以止渴'。"

孔子听后戚然动容，说道："子夏啊！我大概可以与你谈诗了。然而你只是见其表，未见其里。"

子夏说："诗的外在含义已经知道，内在含义又是什么呢？"

孔子说："找到门却不进屋子，怎能知道屋内宝藏呢？诗中的宝藏不难理解，我曾尽心竭力，并已入其中。似乎看到前边是高高的堤岸，后边的溪谷清凉爽人。《诗经》的深意就在那里，看不到诗的内涵，就说不清诗意的精微。"

子夏说："《诗经》说'巧笑倩兮，美目盼兮，素以为绚兮'。诗中这三句话是指什么？"

孔子说："是说作画时先要有素底，然后再加上五彩的颜色。"

子夏说："由此看来，人先要有美德，然后用礼来修饰吗？"

孔子说："你这话启发了我，像你这样颖悟的人，才可以与你讨论《诗经》了。"

子夏出身贫穷，生活节俭。孔子认为他看重财务，过于吝啬。

有一天，孔子要外出，天下起雨来，这时才发现车上没有车伞。

一个弟子说："子夏那里有伞，可以跟他借车伞。"

孔子说："子夏对财物很在意。我听说跟人交往，应看重他的长处，避开他的短处，这样交往才能长久。"

子夏穿的衣服烂得有如悬挂的鹌鹑。

有人问他："您为何不去做官？"

子夏说："诸侯傲视我的，我不做他的臣子；大夫傲视我的，我不再见他。柳下惠和守后门的人一样穿破烂的衣服而不被怀疑，争权夺利就像抓住指甲却丢了自己的手掌。"

后来子夏做莒父的宰官，他向孔子请教为政的道理。

孔子说："不要求速成，不要只看到小利益；求速成，就不能达成任务；只看到小利益，就不能完成大事。"

孔子逝世之后，子夏定居在魏国西河，教授生徒，魏文侯请他当老师，和他商讨治理国家的方法。子夏开创的"西河学派"培育出大批经国治世的良才，并成为前期法家成长的摇篮。李悝、吴起、田子方、段干木、禽滑厘都是他的弟子。

他曾经返回卫国，听见读史书的人说："晋国的军队攻打秦国，三豕渡河。"

子夏说："不是三豕渡河，而是己亥渡河。"

读史书的人便去请教晋国史官，果然不是三豕，而是己亥。于是卫国的人都把子夏当作圣人。

子夏学习《诗经》，能理解其意，以文学著称。他胸襟不够宏大，喜欢论证激辩，当时无人能超过他。起初卫国人误以为他不值得敬重。

他教人致知求仁的方法，子夏说："学识要广，志向要坚定，凡事要细心去问，要从浅近处去思考，以类推于远大地方，仁道就在这里面了。"

子夏说：

"每天能学新知识，每月能温习已学到的东西；能这样做便算是好学了。"

"官当得好，则应该去学习；学习得好，则应该去当官。"

"一个人能广博学习，不断充实自己；又能坚定心志，恳切地发问向人请教；遇到问题时，先从周遭事物思考；这样做，仁德就在其中了。"

"百工在工作中完成产品，君子在学习中掌握道义。"

"重视贤人、轻视美色、孝顺父母、尽心贡献国家、与朋友言而有信，这样的人，即使他谦虚说没有读书，我也认为他很有学问。"

"即使是小技艺，也必有可取之处；如果想做大事，就派不上用场了。所以君子不为小道。"

后来子夏的儿子死了，子夏伤心得哭瞎了。

曾子前去吊唁并说："我听说朋友眼睛失明了，就要为他哭泣。"

曾子哭了，子夏也哭起来，说道："天啊！我没罪过，怎会落得如此下场呢？"

曾子气愤地说："子夏！你怎么没罪过？我曾和你于洙水泗水之间侍奉老师，你告老回乡到西河，使西河的人们把你比为老师，这是你的第一条罪过；你居亲人之丧，没有做出为人所称道的事，这是你的第二条罪过；你儿子死了，就哭瞎了眼睛，这是你的第三条罪过。"

子夏听后扔掉手杖，下拜说："我错了！我错了！我离开朋友独居太久了。"

公元前476年，他受邀赴晋国创办了一所学堂，并在那里教了五十五年书。他生前的许多学生后来成为春秋时期很有影响的思想家和政治家，因此子夏的影响很大。许多后来儒学的经典都被说成是由他流传下来的。

　　子夏在孔子去世后的六七十年间，办学成就与影响无疑是最大的。子夏的教育思想在全面继承孔子的教育思想基础上，又在教育目的论、教学过程论、学习和借鉴历史、慎交益友等方面有发展创新，是上承孔子、下启荀子和《大学》《中庸》等光辉篇章中的重要一环。

其他弟子

11. 子张

颛孙师，字子张，陈国人。比孔子小四十八岁。

子张容貌美好，为人勇武，性情偏激，交友广阔。对人对物宽容谦虚、广泛接纳，他非常注重自己的举止行为。但不致力于建立仁义之事。

孔子说："子张有功不夸耀，处高位不欣喜，不贪功不慕势，不在贫苦无告者面前炫耀，是仁的境界。"

子张问："当官时，应该如何？"

孔子说："使官位稳固，又能有好名声很难。"

子张说："该怎么办？"

孔子说："自己的优点不要独自拥有，教育别人不要懈怠，有过失不要再次发生，说错话不要辩护，不对的事不要继续做，做事不要拖延。"

　　有一次，子张跟随孔子被困在陈蔡之间，子张问："什么是正确的行为？"

　　孔子说："说话忠信，行为笃实，即使到了偏远地区也能形势无碍；说话不忠信，行为不笃实，即使在本乡本土，能行得通吗？站立时仿佛看见'忠信笃实'这几个字矗立眼前；坐车时仿佛看见这几个字在辕前横木上。能做到这样到哪儿都会畅通无阻。"

　　子张便把孔子的话记在腰带上。

　　孔子认为子张志气太高，而流于偏颇。孔子的门人们和他友好，但并不尊敬他。

　　子游说："我的朋友子张，算是难得的了，可是他还没有做到仁。"

　　曾子说："子张虽然外表堂堂，但难以和他一起做到仁的。"

　　子贡问："子张与子夏谁比较贤能？"

　　孔子说："子张太过偏激，子夏稍嫌不足。"

　　子贡说："那么是子张比较强一点？"

　　孔子说："太过和不及，同样不好。"

　　子张问："子文三次做宰相没感到高兴；三次被免职也没感到委屈；卸任前总是认真办理交接事宜，这个人怎么样呢？"

孔子说："算是忠啊！"

子张问："算仁吗？"

孔子说："不知道仁，哪来仁？"

子张又问："崔子杀了齐庄公，陈文子抛弃家产逃到临国，他说'这国的大夫同崔子一样'，又逃到另一国。他又说：'他们同崔子一样'，于是又逃走。怎样？"

孔子说："算清明了。"

子张问："算仁吗？"

孔子说："不知道仁，哪来仁？"

子张问："怎么样才算仁呢？"

孔子说："能在天下推行五种品德，就是仁了。"

子张说："哪五种品德？"

孔子说："恭敬、宽厚、诚信、勤敏、慈惠。"

子张说："为何这五种品德是仁？"

孔子说："恭敬则不致遭受侮辱，宽厚则会得到众人拥护，诚信则能得别人任用，勤敏则会提高工作效率，慈惠则能使唤别人。"

孔子面对高山，赞叹道："高山嵬嵬然，多么雄壮。"

子张说："是的，老师。"

孔子说："智者喜欢水，仁者喜爱山。智者好动，仁者好静。智者自得其乐，仁者恬淡而长寿。"

子张问："为何仁者喜欢山？"

孔子说："高山巍然，草木生长，鸟兽繁殖，生产各种财物。而高山无私心，让天下百姓都来砍伐。高山形成风、云、雨、露润泽万物，百姓因而有食物，所以仁者喜欢山。"

子张问孔子说："什么是为官之道？"

孔子说："多听，有疑问的先摆一旁，别说没把握的话，便能减少错误；多看，有疑问的先摆一旁，不做没把握的事，则能减少后悔。说话错少，行动悔少，就能当好官了。"

子张问："怎样治理政事？"

孔子说："在位尽职不倦，执行政令尽自己之责。"

子张问："如何才能算清明辽远？"

孔子说："暗地造谣、恶意诽谤，传到你这里就行不通了，就算清明，就算看得辽远。"

子张问："士怎样才可以称为达？"

孔子说："你所谓的达是指什么？"

子张答道："国外有名声，国内有名声。"

孔子说："这是名，不是达。所谓达就是人品正直，崇尚道义，察言观色，甘心处于人下。这样的人无论在朝廷或是大夫封地当官做事一定都能通达。至于那种只有名声的人，外表上装出仁的样子，而行为却正是违背了仁，自己还以仁人自居。这就是你所说的'国外有名声，国内有名声'。"

子张问："十代以后的社会，你现在能预知吗？"

孔子说："商继承夏礼，改动多少可以知道；周继承商礼，改动多少也可以知道。以后的朝代继承周朝，即使百代也同样可以推测出来。"

子张说："《尚书》说'高宗守丧，三年不谈政事'。这是什么意思？"

孔子说："不仅是高宗，古人都是这样。国君死了，百官三年内都听从宰相安排，各司其职。"

有一天，孔子闲居，子张随侍在侧。

鲁国乐师冕前来见孔子，师冕走到台阶前，孔子说："这里是台阶。"

走到座席旁，孔子说："这里是座席。"

等大家都坐下来，孔子告诉他："某某在这里，某某在那里。"

师冕走了以后，子张问孔子说："这是同盲人交谈的方法吗？"

孔子说："是的，这就是帮助盲人的方法。"

子张问："什么是善人之道？"

孔子说："不循着前人的足迹而行，就不能登堂入室。"

子张问孔子说："如何才能从政？"

孔子说："尊重五种美德，排除四种恶，就能从政。"

子张问："何谓五种美德？"

孔子说："给人民恩惠而不浪费财政；使人民工作而能无怨；追求仁德而不贪图财利；庄重而不傲慢；为人威而不猛。"

子张说："如何能做到这五种美德？"

孔子说："让人民做对他们有利的事，不就是对人民有利又不浪费财政吗？选择利国利民的事项和时间让百姓去做。又有谁会怨恨呢？求仁得仁又有什么利益可贪呢？对待别人不怠慢，不就是庄重而不傲慢吗？衣冠整齐目不斜视，庄重得让人望而生畏，不就是威而不猛吗？"

子张问："何谓四种恶？"

孔子说："不经教化便杀戮叫作'虐'；不看原因只苛求成功叫作'暴'；效率差又限期完成叫作'贼'；奖励下属却出手吝啬叫作'小气'。"

子张问孔子说："请问圣人如何治理政事？"

孔子说："子张，我告诉你。圣人了解礼乐，把礼乐施于政事而已。"

子张不理解，又问了一遍。

孔子说："子张你以为设筵作揖相让，倒酒让菜，互相劝酒，才称为'礼'吗？你以为列乐队，挥雉羽，吹管龠，奏钟鼓，才称为'乐'吗？"

子张问："什么是礼？"

孔子说："能说出来又能做的叫作礼。"

子张问："什么是乐？"

孔子说："做起来感到快乐的就是乐。圣人致力于礼乐，以礼乐施行政策，因此天下太平。万民顺服，百官奉行职责，上下依礼行事。"

子张说：

"一个士，临难不避义死，临财不为苟得，祭不忘敬，丧能尽哀，能做到这样，就够好了。"

"拥有德行却不弘扬，精通道义却不实践，这种人存在或不存在都不会改变世间。"

子夏的学生问子张："如何交朋友？"

子张反问："你的老师子夏怎么说？"

子夏的学生说："我的老师说，可以交的朋友才交，不可以交的则拒绝。"

子张说："我听到的可不是这样。君子尊重贤人，容纳众人；赞扬善人，同情弱者。如果我是大贤人，有什么人不能容纳呢？如果我是不贤者，人人都拒绝我，我如何能拒绝别人呢？"

子张病危临终之前，召他的儿子申祥来。

子张告诉申祥说："君子之死叫作'终'，小人之死叫作'死'。我这一辈子应该可以称为'终'了吧？"

子张死时，曾子正在为母亲服丧，于是穿着齐衰去哭子张。

有人批评说："穿齐衰孝服，不应去为朋友吊丧。"

曾子辩解说："谁说我是去吊丧？我是去哭朋友呀。"

12. 曾子

曾参，字子舆，鲁国南武城人，小孔子四十六岁。曾子与父亲曾蒇都是孔子的弟子。

学业有成却不自满，渊博却如同虚空，过之却如同不及，先王也难以做到。知识广博无所不学，外表恭敬，德行敦厚；对任何人说话，言无不信。志向远大，胸襟坦荡，因此他会活得很长寿，这是曾子的品行。

齐国曾聘请他，想让他为卿，他不去。

曾子说："我父母已年老，拿人俸禄要替人操心，我不忍心远离亲人，受别人差遣。"

他的后母对他很不好，他仍供养她，孝心丝毫不减。

曾子的夫人到集市上去赶集，他的儿子哭着闹着也要跟着去。

母亲便对儿子说："你先回家待着，待会儿回来我杀猪给你吃。"

曾子的夫人从集市上回来，看见曾子要捉小猪去杀。她便劝止说："我只不过是跟孩子开玩笑罢了，你怎么当真？"

曾子说："老婆啊，这怎能开玩笑？小孩子没有判断能力，得向父母学习，听从父母的教导。现在你欺骗他，这就是教孩子骗人啊！母亲欺骗儿子，儿子就不再相信母亲了，这不是正确教育孩子的方法。"

于是把猪杀了煮熟，让儿子吃。

他的妻子因藜羹没蒸熟，曾子要为此休妻。

有人说："你妻子没犯七出的条款啊！"

曾子说："蒸藜羹的确是件小事，我要她蒸熟，她都不听我的话了，何况是大事呢？"

于是他休妻终身不再娶。

儿子曾元劝他再娶。

曾子对儿子说："殷高宗武丁因后妻杀死儿子孝己，尹吉甫因后妻放逐儿子伯奇。我上不及高宗贤能，中不比尹吉甫能干，怎知能不能避免不做错事呢？"

孔子说："孝是道德之始，悌是道德进一步发展，信是道德加深，忠是道德准则。曾子符合这四种德行。"

孔子以此称赞曾子。

曾子在瓜田除草，不小心斩断了瓜根。他的父亲曾皙很生气，拿棍子打他的背。曾子倒在瓜田不省人事，过了一会儿才苏醒。

他高兴地站起来对曾皙说："刚才我得罪父亲，您用杖来教育我，有没有受伤？"

曾子回到屋内弹琴唱歌，想让曾皙知道自己身体无恙。

孔子听了这事，生气地告诉守门学生说："别让曾子进来见我。"

　　曾子自以为自己无过，向孔子请求拜见。

　　孔子说："你不曾听过吗？从前瞽瞍有个儿子叫舜，舜服侍父亲时，父亲叫他时，他不在旁边，瞽瞍想杀掉舜，却从未曾找到。父亲用小棍打他，他乖乖挨打。用大棍打他，他就逃走。所以瞽瞍没犯下罪责，舜也没丧失孝道。"

　　孔子说："今天你的父亲大发雷霆，你宁可被父亲打死也不逃避，万一真被一棍打死，则陷父亲于不义，有哪种行为比这更不孝的呢？你不是天子之民？杀害天子之民，有哪种罪能比这种罪更大呢？"

　　曾子听说后说："我的罪过真大啊！"

　　曾子随孔子游至楚国时，有一天突然感到心里发慌，拜辞孔子归乡探问母亲，母亲说："我想你啊，就咬了一下手指头。"

　　后来孔子听说此事叹道："曾子如此孝心，精诚竟然摇动万里之外。"

　　曾子第二次出外做官时，他的心情又发生了很大的变化。

　　曾子说："双亲在时，我当官俸禄不到二十斗，然而我们生活得很快乐；第二次出外做官，双亲已不在，俸禄是二千斗，可是我的心情每天都很悲哀。"

　　弟子们听到这番话就去问孔子："曾子两次当官，心中并无关联，是金钱的欲望吧？"

孔子说："如果无联系，心里能有悲哀吗？对于名利不系于心的人，看待二十斗和二千斗，如同看待鸟雀与蚊虻从眼前飞过一样，都会无动于衷。"

曾子说："我听老师说过，人很难流露内心的真情；唯有至亲死了，真情才表露无遗。"

曾子说："我听老师说过，孟庄子的孝顺，其他方面别人都可以做到，但他不换父亲的旧臣和不改前朝旧规，是别人难以做到的。"

孔子认为曾子能通达孝道，以孝道为人生志向，所以传授他学业。他著了《孝经》一书，晚年死于鲁国。

曾子提出"慎终追远，民德归厚"的主张和"吾日三省吾身"的修养方法，相传他著述有《大学》《孝经》等儒家经典，后世儒家尊他为"宗圣"。

曾子说："我每天以三件事情反省我自己：替人谋事，有不衷心的吗？和朋友交往，有不信实的吗？老师所传授的学问，有不温习的吗？"

孔子说："不在那个职位上，就不要考虑那个职位上的政事。"

曾子说："君子考虑问题，从不超过自己的职权范围。"

孔子说："曾子啊！我平日所讲的道可以用一理将它贯通起来。"

曾子说："是的。"

孔子说："老师指的是什么？"

曾子说："老师的道理，就是'忠恕'两字罢了！"

曾子说："跟别人太亲近，则会遭到怠慢；对别人太严肃，则不被亲近。所以君子的亲近程度足以愉快地与人交往，他的严肃程度也足以让人保持对他的礼貌。"

孔子听了曾子的这些话说："学生们！你们记着，谁说曾子不懂得礼呢？"

孔子说："颜回有四种君子之道：推行道义，虚心受劝，害怕接受俸禄，慎重立身行事。史鳅有三种君子之道：不做官却尊敬君主，不祭祀却敬鬼神，严于律己宽以待人。"

曾子陪在一旁说："我以前常听您说三句话，却没实行。发现别人的优点，就忘记他的缺点，因此您善于与人相处；看见别人的善行，像是自己的一样，因此您不计较名利；听到善必身体力行，然后教给别人，因此您能不辞劳苦。我学习您说的三句话，却没有实行，所以我自不如颜回和史鳅。"

孔子说："我死后，子夏的学问会增加，子贡的学问会减少。"

曾子说："为什么呢？"

孔子说："子夏喜欢跟比自己强的人相处，子贡喜欢跟不如自己的人相处。"

曾子穿着破衣在田里耕田，鲁哀公听说之后，就派人去赠送封地，说："请以此封地填补衣物用度。"

曾子不肯接受。来人返回朝廷后，再一次来到曾子的家，曾子还是不肯接受。

来人说："先生并没有求助别人，是鲁哀公主动赐给您的，为何不肯接受呢？"

曾子说："我听人说，接受恩赐的人就得敬畏对方，给予恩赐的人必将傲视对方。即使国君有所赏赐，也不傲视我，而我能没有敬畏之感吗？"

曾子始终没有接受。

孔子听后评论说："曾参的话，足以保全人的气节。"

孔子死后，曾子留下来，致力于孔学的传授。

曾子说："读书人的志气不可不远大强毅！然后才能任重道远。把仁道视为自己的责任，不是很重吗？一直到死才罢休，不是很远大吗？"

孟氏任命阳肤做典狱官，阳肤向曾子请教。

曾子说："上位者远离正道，则人民离心离德。如果案情真相大白，则应心生怜悯而不自喜。"

曾子得病，他将学生召集到身边来，说道："弟子们！你们看看我的脚！看看我的手！《诗经》说'战战兢兢，如临深渊，如履薄冰'。从今以后，我的身体不会再受伤了。"

曾子病后，孟敬子来看他。

曾子说："鸟将死的时候，鸣声是悲哀的；人将死的时候，说的话是诚恳善意的。君子所重的道有三项：容貌举动要合乎礼，才能远离粗粝放肆；端正颜色，才能不妄而近于诚信；言辞合理得体，才能远离鄙陋悖礼。至于一切礼节上的定例，自有专管的人员在。"

曾子病得很重，曾元抱住他的头，曾申抱住他的脚。

曾子说："我没有颜回的才能，拿什么来告诫你们呢？你们仔细听，我告诉你们。"

曾元、曾申说："是的，父亲。"

曾子说："鱼鳖以为渊池还太浅，而在潭底打洞安身；鹰鸢以为山岭还太低，而在上面筑巢栖息；它们被捕获定是为钓饵所诱。

如果君子不为财利伤害道义，耻辱便无从到来。"

曾子卧病在床，乐正子春坐在床下，曾元、曾申坐在脚旁，童仆坐在墙角，手拿烛火。

童仆说："席子花纹好美丽、好光洁啊！这是大夫专用的席子吧？"

乐正子春说："嘘！小声一点！"

曾子听到了，突然惊醒过来说："啊！"

童仆又说："座席的花纹华丽光洁，这是大夫专用的席子吧？"

曾子说："是的，这是季孙送给我的，我无力换掉它。曾元啊！扶我起来，把席子换掉吧。"

曾元说："老师的病很危急，不能移动，等天亮之时再换席。"

曾子说："爱我之心还不如童仆爱我，君子之爱是成全别人的美德，小人爱人是苟且姑息。我现在还要求什么呢？我只盼望死得合于礼罢了。"

于是大家扶起曾子，更换了席子，再将曾子扶回床上，还来不及放得安稳，曾子便去世了。

13. 澹台灭明

澹台灭明，字子羽，是鲁国武城人，小孔子三十九岁。

澹台灭明学习之后便致力于修身实践，处世光明正大，不走邪路，若不是为了公事，他从不去见公卿大夫。

重视他时不欣喜，轻视他时也不恼怒；宁可自己俭约，而让民众有利。侍奉君王以帮助百姓，这是澹台灭明的品行。

孔子说："独自富贵，君子认为可耻。澹台灭明就是这种人。"

他为人方正、规矩，公正无私，以获取与给予当作行为准则，以重信用知名。曾在鲁国担任大夫。

子游做了武城的邑宰。

孔子说："你在那里有没有得到贤助？"

子游说："有个叫澹台灭明的人，做人循规蹈矩从不抄小路捷径。如果不是为了公事，他从来不到我的住处。"

澹台灭明面貌长得很丑，想要侍奉孔子，孔子原本认为他资质低下，后来发现事实并非如此。

后来他游历到江南，追随他的学生有三百多人，他制定了个人取予的原则，绝不苟且，所以清誉传遍了四方诸侯。

孔子听到了说："只凭言辞论人，我对宰予判断错了；只凭相貌论人，我对子羽判断错了。"

14. 宓子贱

宓不齐，字子贱，鲁国人。比孔子小三十岁。曾担任单父宰，有才智，有仁爱，连百姓都不忍心欺骗他。孔子很敬重宓不齐。

孔子的侄儿孔蔑和宓子贱，一起在朝廷当官。孔子去看望孔蔑时问他："你当官以来，有何收获？有何遗憾？"

孔蔑闻答："没什么收获，但我遗憾三件事。朝廷事务繁忙，没有时间学习，即使抽空学习也学不明白；朝廷俸禄少，无法赡养亲属，亲属关系一天天疏远了；公事又多又急，无法吊丧和关心生病的朋友，因而失去了友情。这是我的三个遗憾。"

孔子听了很不高兴，又以同样问题问宓子贱。

宓子贱回答："我没什么遗憾，但收获有三点。从前所学如今能够实行，如此对所学认识得更清了；朝廷的俸禄，能赡养亲属，亲属关系一天天亲密了；即使朝廷有事，我仍能抽出时间吊丧和关心生病的朋友，因而朋友的感情也加厚了。"

孔子听后，长叹道："子贱真是个君子啊！如果鲁国没有君子，他从哪儿学到这种好品德呢？"

孔蔑问孔子说："什么是为人处世之道？"

孔子说："明明自己懂，却不去做，不如不懂！亲近他又不信任他，不如不亲近！高兴的事来时，不要得意忘形；灾难将至时，不要忧心忡忡。"

孔蔑问："我自己该怎么做呢？"

孔子说："弥补自己的才能，别因为自己不能而怀疑别人行，别因为自己能而骄傲。终日说话也不留后患；终日行动也不留隐忧。只有智者才做得到。"

宓子贱在鲁国做官，被任命为单父宰。宓子贱唯恐鲁君听信谗言，无法推行政策。当他向鲁君告别时，请鲁君两位亲信史官一起赴任。

宓子贱到任后，暗地告诫单父当地的邑吏，每当二位史官起草文书时，就抓住他们的胳膊肘。因此二位史官字写得非常差，宓子贱看后非常生气。二位史官很害怕，请求回朝廷去。

宓子贱说："你们字写得很不好，回去后要好好努力！"

二位史官回去后对鲁君说："宓子贱让我们写公文，又故意派人干扰我们的书写，公文字写得差又要责怪我们，当地官员都嘲笑我们，因此臣才由单父回来。"

鲁君就这件事，向孔子求教。

孔子说："宓不齐是个君子。他能辅佐诸侯成为霸主，现在降格治理单父，只不过想小试一下自己的才能。这件事是他想借此向您进谏。"

鲁公猛然领悟，他叹息说："是我的过错。我扰乱宓子贱的政事，却责备有才者，如果没有二位史官，则不知自己的错误所在；如果没有您，则不能领悟宓子贱的暗示。"

于是派自己最宠爱的官吏，出使单父，并告诉宓子贱说："从今天起，单父将不再受我直接管辖，一切任由你治理，若有便民之处，请替我决断。每五年向我报告政绩就成。"

宓子贱接受鲁君诏命，实行他的政策，将单父治理得很好。他教育百姓待人宽厚，亲爱自己也亲爱别人，崇尚真诚、仁爱、忠信，于是单父百姓便得到教化。

孔子对宓子贱说："你治理单父，百姓都很高兴。你用什么方法做到的呢？"

宓子贱回答说："我的治理方法是有如侍奉自己的父亲般侍奉百姓的父亲，有如爱自己子女般爱百姓的子女，照顾孤儿、办好丧事。"

孔子说："好！这只是小节，百姓就依附了，恐怕不止这些吧？"

宓子贱说："我像对待父亲一样侍奉的有三个人，像对待兄长一样侍奉的有五个人，像朋友那样交往的有十一个人。"

孔子说："像父亲那样侍奉的三个人，可以教民众孝道；像兄长那样侍奉的五个人，可以教民众敬爱兄长；像朋友那样交往的十一个人，可以提倡友善。这只是中等礼节，中等人就依附了，恐怕不止这些吧？"

宓子贱说："单父的百姓中比我贤能的有五个人，我都尊敬地向他们请教，他们也都教我治理之道。"

孔子感叹地说："治好单父的大道在此！从前尧舜治理天下，必访求贤人辅助自己。那些贤人是百福之源，是神明之主。"

宓子贱说："是的，老师。"

孔子说："可惜呀！子贱你治理的地方太小了，要是能治理大一点的地方则更好。"

齐军攻打鲁国，取道单父。单父地方父老向宓子贱请求，父老说："麦已成熟，齐军逼近单父，不如让百姓自由收割城郊的麦子。这样既可以增加百姓粮食，又不会帮助齐军添加军粮。"

三次请求，都未获得宓子贱允许。不久齐军通过，顺便收割了单父城郊的麦子。

鲁国大夫季孙氏听到这事后，非常生气，便派人责备宓子贱说："百姓不辞劳苦耕耘，得不到粮食，不是很悲哀的事吗？你不知尤可，别人告知后你还不听，这不是为民着想的官员所做的。"

宓子贱不高兴地说："今年没麦子，明年可重新种。如果没耕种的百姓谁都能自由收割麦子，会使百姓乐于敌寇入侵。况且取得单父一年的麦子，不会使鲁国更强大；失去单父一年的麦子，也不会使鲁国更弱小。如果因此使百姓乐于敌寇入侵，那么这个伤口好几年都不能愈合。"

季孙氏听到后，羞愧地说："如果有地可钻的话，我哪有脸见宓子贱呢？"

三年后，孔子派巫马期去考察宓子贱的政事。巫马期脱掉漂亮衣裳，穿着破旧衣服，进入单父，看见有人晚上捕鱼，把捕到的鱼全部放回。巫马期觉得很奇怪，于是问道："捕鱼为了得到鱼，为何你把捕来的鱼又放回水里去？"

捕鱼的说："大鱼名字叫鱼寿，我们的大夫很喜欢它；小鱼名字叫鱼龟，我们的大夫想留着让它长大。所以捕到这两种鱼，我都要放回去。"

巫马期回去后，将这事告诉孔子，巫马期说："宓子贱的道德达到至高境界了，人民默默地实行他的政策，好像有严刑在旁边一样。请问宓子贱如何达到这种境界的？"

孔子说："我曾对他说'在这边宽厚，则另一边严厉'。宓子贱只不过是将这种方法用到治理单父而已。"

孔子逝世之后，宓子贱与樊迟、闵子骞三人一起到棠地办学，传道于济水一带。

15. 原宪

原宪，宋国人，字子思。比孔子小三十六岁。清廉纯洁，严守节操，虽贫穷但以追求道为乐。

孔子做鲁国司寇时，原宪曾当过孔子的管家，孔子给他俸米九百石。

原宪推辞说："不用这么多。"

孔子说："不要推辞，如果太多就给你的乡亲们吧。"

原宪问："什么是耻辱？"

孔子说："国家政治清明，可以做官领取俸禄，却不能有所建树。国家政治黑暗，做官领取俸禄，却不能独善其身，就是耻辱。"

原宪问："好胜、自夸、怨恨、贪婪，这四种毛病都没有的人，可以算仁吗？"

孔子说："能做到这样是难能可贵了，但算不算仁？我不知道。"

孔子逝世以后，原宪就跑到低洼积水、野草丛生的地方隐居起来，茅屋瓦牖，粗茶淡饭，生活极为清苦。

子贡做了卫国宰相，出门车马接连不断，排开野草，来偏远简陋小屋探望原宪。

因陋巷狭窄高车无法通过，只好下车步行。

原宪整理好破旧衣帽，会见子贡。

子贡见他这个样子，说："太过分了，你怎么病成这样？"

原宪回答说："我听说无财，称为贫；学道而不能行，称为病。我只是贫，而非病啊。"

子贡很惭愧，他一辈子都为说错话而感到羞耻。而原宪则站在门口，挂杖唱《商颂》。

猗与那与！置我鞉鼓。

奏鼓简简，衎我烈祖。

汤孙奏假，绥我思成。

鞉鼓渊渊，嘒嘒管声。

既和且平，依我磬声。

于赫汤孙！穆穆厥声。

庸鼓有斁，万舞有奕。

我有嘉客，亦不夷怿。

自古在昔，先民有作。

温恭朝夕，执事有恪，

顾予烝尝，汤孙之将。

16. 公冶长

公冶长，字子长，齐国人。自幼家贫，勤俭节约，聪颖好学，博通书礼，德才兼备，精研六艺。后来拜孔子为师，成为孔子的得力门生，他终生治学不仕禄。

鲁国君主多次请他为大夫，但他一概不应，而是继承孔子遗志，教学育人，成为著名文士。

传说公冶长能听懂鸟语。公冶长生活贫困，每天闲居在家，甚至没有办法吃饱饭。

有一天，公冶长听到树上有只麻雀对其他的鸟喈喈地叫："白莲道旁有车翻覆，牡牛折角，黍粟撒满地，收敛不尽，大家快去吃啊！"

公冶长急忙跑到白莲道查看，果然真的有辆牛车翻倒路边，很多小鸟正在吃黍粟。这才惊觉自己能听懂鸟语。

公冶长看见天下乌鸦一般黑，便问乌鸦说："羽黑如墨，这样好吗？"

乌鸦说："很暖，很暖！"

公冶长看见天下鹭鸶一般白，便问鹭鸶说："羽白如雪，这样好吗？"

鹭鸶说："很凉，很凉！"

从此以后公冶长便效仿鸟类，每到冬天他便穿黑衣，果然很暖和。每到夏天他便穿白衣，果然不热很凉爽。人们便开始学习公冶长，冬穿青棉衣，夏穿白衫，便成了风俗习惯。

又有一天，一只小鸟在他屋顶鸣叫道："公冶长，公冶长！南山有只老虎驮着羊。你吃肉来，我吃肠！赶快去取莫彷徨。"

公冶长说："好。"

公冶长到南山果然得到一只羊，他便取回煮熟吃了，但忘记拿肠子给小鸟吃，小鸟怀恨在心。

过了不久，那只小鸟又来通报。

小鸟说："公冶长，公冶长！南山有只老虎驮着羊。你吃肉来，我吃肠！赶快去取莫彷徨。"

公冶长说："好。"

他又去南山，远远见到几个人围着一个东西议论纷纷。公冶长以为是死獐，怕被别人抢走，就急着高喊："那是我打死的。"

等他跑过来一看，竟然是一具尸体。于是众人把他扭送到官府。

县令查问案情，公冶长再三申辩："我没有杀人啊。"

县令说："自己亲自招认的，怎会有假？"

公冶长无言以对，于是就被关押了。

孔子了解公冶长为人，替他到鲁君那里辩白，终究也未能解脱公冶长的牢狱之苦。

孔子于是感叹道："即使在牢狱之中，也不能说他犯了罪。"

不久，公冶长在牢房中又听小鸟在房顶大声鸣叫："公冶长，公冶长！齐人出兵侵扰我边疆。沂水之上峄山旁，赶快抵抗莫慌张。"

公冶长通过狱吏告诉鲁君，鲁君虽然仍不相信，但还是依他的话派人到边境察看，结果齐军真的快抵达边境了，急忙发兵抵抗齐国军队，最后鲁国终于获胜。

鲁君释放公冶长，并厚赏封他大夫爵位，公冶长谢辞不受，他认为因为懂鸟语而获取俸禄是种耻辱。但他的后代无人继承他的本领。

孔子说："虽然公冶长曾坐过牢，但那不是他的过错。可以把女儿嫁给他。"

于是孔子便把女儿嫁给了他。

公冶长结婚后，生了两个儿子，一个叫子犁，早亡；一个叫子耕。

17. 南宫适

南宫适，字子容，鲁国人。以自己的聪明才智保全自己。

孔子说："独居时想着仁，大众面前宣讲义。套用《诗经》的话，就是'一日三度，磨去白玉的斑点'。这是南宫适的品行。"

孔子说："南宫适真不错！世道清平也有所作为，世道污浊不同流合污。"

孔子认为南宫适是位仁者，是一位很特殊的人。

南宫适问孔子说："后羿善于射箭，奡善于水战，两人最后都不得好死。禹和稷都亲自种植庄稼，最后反而得到天下。"

孔子没有回答，南宫适走出去之后，孔子说："这个人真是个君子啊！他崇尚有德行的人啊！"

孔子谈起子容时说："国家政治清明时，他不至于没有职位，国家政治昏乱时，他又能明哲保身不会遭受祸害。"

孔子就把自己的侄女嫁给了他。

白圭之玷，尚可磨也；

斯言之玷，不可为也。

南宫适反复诵唱《诗经·白圭之玷》："一块白玉有缺损，还能磨得平齐；但语言失当，就无法补救了。"

18. 曾蒇

曾蒇，字子皙，又称曾皙，是曾子的父亲。父子两人曾先后在孔子门下求学。他痛心于当时不施行礼教，想改变这种现象。

孔子很赞同他的想法，像赞同曾点在《论语》中所说的："在沂河沐浴，在舞雩处乘凉。"

曾皙陪着孔子，孔子说："谈谈你的志趣。"

曾皙说："暮春三月穿上春衣，约五六个好友，带上六七个童子，在沂水里洗洗温泉，在舞雩台上吹吹风，然后一路唱着歌走回来。"

孔子感叹说："我欣赏曾皙的情趣。"

19. 公皙哀

公皙哀，字季次，齐国人。他鄙视很多天下人到大夫家当家臣，因此他一生没有屈节去做别人的家臣。孔子特别赞赏他。

孔子说："天下人无善行，大多当卿大夫们的家臣，在都邑当官，只有季次不曾出来当官。"

孔子说："读书三年，还不想当官，是难能可贵的。"

20. 颜无繇

颜无繇，字路，是颜回的父亲，父子两人曾先后在孔子门下求学。

鲁昭公十三年，孔子开始教书于阙里，那时的颜无繇听到消息之后，就前往求学。

鲁昭公二十一年，其子颜回诞生。

鲁哀公十四年，颜回死了，他的父亲颜路请求孔子卖掉车子，替颜回买个外椁。

孔子说："无论有才无才都是个儿子。我的儿子孔鲤死时，有棺无椁。我不能卖车为颜回买棺椁，因为我做过大夫，不可以步行。"

21. 商瞿

商瞿，字子木，鲁国人。比孔子小二十九岁。

商瞿四十岁时还没有儿子，他的母亲要为他再娶一房妻子。孔子派他出使齐国，由于路远，久后方归，他的母亲担心绝后无子，感到忧虑害怕。

孔子在正月替他占筮一卦后，告诉商瞿的母亲说："商瞿以后会有五个儿子。"

子贡问孔子说："您怎么知道？"

孔子说："我替他算卦，是大畜卦，大畜卦属二世，正对艮位。九二爻位于甲寅，木为世。六五爻位于景子，水为应世，世应之后而产生外卦象，生象而现爻，生互体内卦象。从卦象上看，艮属别生子。所以说畜卦预测应生五子，其中一子命短。"

颜回问："从卦上如何知道这结果？"

孔子回答说："卦的内象预示是嫡生子，一艮变为二，位于丑时。下乾卦三个阳爻，共为五。因此有五个儿子，其中一子短命。怎么知道是短命呢？那是其他缘故了。"

孔子也把《易经》传给商瞿，商瞿传给楚人臂子弘，子弘传给江东人矫子庸疵。

庸疵传给燕人周子家竖，周竖传给淳于人光子乘羽，光羽传给齐人田子庄何。

田何传给东武人王子中同，中同传给灾川人杨何。

杨何于汉武元朔年间，因研究《易经》而出任汉中大夫。

22. 高柴

高柴，字子羔，齐国人，齐文公世孙，高氏家族的分支族。比孔子小三十岁。

子羔的相貌很丑，身长不足五尺，在孔子门下学习。为人专心于孝道又遵守礼仪规范。小时候住在鲁国，在孔子的弟子中有一定名声。曾任武城宰。

自从见到孔子，进门出门，从不违反礼节。来来往往，不会踩到别人影子。不杀刚从冬眠初醒的生物，不攀折正在生长的草木。为亲人守丧，不曾言笑。这是子羔的品行。

孔子说："子羔守丧的至诚，一般人难以做到；初春不杀生，是遵从人伦之道；生长的草木不攀折，是遵从仁道。成汤谦恭又能推己及人，因此威望天天升高。"

孔子说："子羔的性子愚直，曾参的性子迟钝，颛孙师其志过高而流于一偏，子路的性子太刚猛。"

子路派子羔去当费邑宰。

孔子说："你这不是害子羔吗？"

子路说："那里有人民、有社稷可以学习，为什么一定要读书才算学习呢？"

孔子说："你真是强词夺理啊！"

后来子路、子羔在卫国孔悝手下为家臣。卫国内乱，子羔逃出城，子路回城殉难。

子羔逃到外城门口，看守城门的刖者刚好是他担任卫国士师时执行刑罚、砍断了双脚的那个人。没料到刖者却说："城墙上边有个缺口。"

子羔说："君子不跳墙。"

那人又说："那边有一个洞。"

子羔说："君子不钻洞。"

刖者又说："这里有间房子。"

于是子羔才躲进去。

不久，追捕的人停止追捕了，子羔要离开时，对那位刖者说："过去我砍断了你的脚，你为何三次让我逃命？"

刖者说："砍断我的脚，是我罪有应得。从前您判我有罪，临行刑时您脸色忧愁，我知道是出自你善良的本性。这就是我让您逃脱的原因啊！"

孔子听说了这件事说："子羔官当得多么好啊！他用刑罚在同一标准。心怀仁恕之心树立恩德，用刑严酷就会与人结怨。能公正执法，大概就只有子羔吧。"

23. 漆雕开

漆雕开，蔡国人，字子若。比孔子小十一岁。他勤学《尚书》，对当官不感兴趣。

孔子要漆雕开去当官。

孔子对他说："你的年龄可以做官了，不然就错过了时机。"

漆雕开写信答复孔子说："对于做官，我还没有信心。"

孔子听了非常高兴，孔子说："读书三年，还不想当官，是难能可贵的。"

24. 公伯缭

公伯缭，字子周，鲁国人。

公伯缭在季孙氏面前毁谤子路。

子服景伯告诉孔子这件事，说："季孙氏虽被公伯缭迷惑，但我还有足够力量，可以把公伯缭杀了陈尸街头。"

孔子又说："如果大道能实行是天命；如果大道将被废止也是天命。公伯缭能把天命怎样呢？"

《孔子家语》没有将公伯缭列为孔子弟子。

25．司马耕

司马牛，字子牛，向罗之子，司马桓魋之弟。子牛为人性情急躁，多嘴。他看见哥哥桓魋经常行恶，常常为哥哥司马桓魋的下场担心，后来桓魋反叛宋景公兵败，五位兄弟因而四散分离。

司马牛忧伤地对子夏说："别人都有兄弟，唯独我没有。"

子夏说，"我听说过'死生有命，富贵在天'。君子只要内心敬谨而不要有过失，待人恭敬有礼，那么四海之内皆兄弟。君子何必担心没有兄弟呢？

司马牛问："如何才算是君子？"

孔子说："君子不忧愁、不恐惧。"

司马牛说："不忧愁不恐惧，这就可以称为君子吗？"

孔子说："自我反省，问心无愧，何来忧惧呢？"

司马牛问："什么是仁？"

孔子说："仁者说话谨慎。"

司马牛说："说话谨慎，这就可以称仁了吗？"

孔子说："凡事做起来很困难，说起来能不谨慎吗？"

鲁哀公十四年，司马牛由吴国回鲁国时，死于鲁国门外。

26. 樊须

樊须，字子迟，鲁国人。比孔子小三十六岁，任仕于季孙氏。有时候也替孔子驾车。

孟懿子问孝，孔子说："不违礼。"

樊迟驾车时，孔子告诉他："孟孙跟我问孝，我回答说'不违礼'。"

樊迟说："怎么说？"

孔子说："父母生时依礼侍奉；死后依礼安葬、依礼纪念。"

樊迟问孔子说："怎样才算明智？"

孔子说："做事顺应民心，敬鬼神而远之，就算明智了。"

樊迟又问："怎样才是仁？"

孔子说："先吃苦后享受，就算是仁了。"

樊迟问："什么是仁？"

孔子说："对人慈爱。"

樊迟问："什么是智？"

孔子说："对人了解。"

樊迟还是不理解。

孔子说："选拔正直的人，罢黜邪恶的人，这样就能使邪者归正。"

樊迟退出来，见到子夏问："刚才我见到老师，问他什么是智，他说'选拔正直的人，罢黜邪恶的人，这样就能使邪者归正'。这是什么意思？"

子夏说："这话说得多么有意义呀！舜有天下，在众人中挑选人才，选出了皋陶，不仁的人就被疏远了。汤得天下，在众人中挑选人才，选出了伊尹，不仁的人就被疏远了。"

樊迟陪孔子在舞雩台下游览。

樊迟问："请问如何才能提高品德、改正错误、辨别迷惑？"

孔子说："问得好！先做事后收获，不就提高品德了吗？自我反省不怪罪别人，不就能改正错误了吗？忍不住一时气愤，忘了自身与亲人安危，这不是迷惑吗？"

　　樊迟问孔子说："鲍牵侍奉齐君，认真施政，可说是忠了，而齐君却砍去他的双脚，齐君算是极为昏庸。"

　　孔子说："古代有才智的人，国有道则尽忠辅佐，国无道则退隐避之。现在鲍牵于淫乱之朝当官，不考虑国君贤明或昏庸，因此被砍去双脚。他的智力还不如一棵葵菜。葵菜虽被掐断还能保住其足。"

　　樊迟向孔子请教："如何种庄稼？"

　　孔子说："种田我不如老农。"

　　樊迟又请教："如何种菜？"

　　孔子说："种菜我不如菜农。"

　　樊迟退出去之后，孔子说："樊迟真是小人。只要在上位者重视礼，百姓就不敢不敬畏；在上位者重视义，百姓就不敢不服从；在上位的人重视信，百姓就不敢不真诚。如果能做到这样，四方百姓就会背着子女投奔，哪里还需要亲自去种庄稼呢？"

　　樊迟问："什么是仁？"

　　孔子说："日常生活要谦恭，做事要谨慎，待人要忠诚。这些德行就是到了野蛮的夷狄地方，也是不可以没有的。"

孔子去世后，樊迟、闵子骞和宓子贱到棠地办学，传道于济水一带。

27. 有若

有若，字子有，鲁国人。比孔子小三十六岁，为人强识，爱好古道。

《论语》中，孔子的弟子颜回被尊称为颜子，曾参被尊称为曾子，有若也被尊称为有子。可见他的地位不同一般。

有若说："孝敬父母、尊敬师长，却好犯上的人，少极了；不好犯上，却好作乱的人，绝对没有。做人首先要从根本做起，有了根本，就能建立正确的人生观。孝敬父母、尊敬师长，就是做人的根本吧！"

有若说："礼的运用，以和为贵。先王传下来的道，以礼为最美好，小事大事都由此而行。但一味用和，而不以礼来节制，也有行不通的时候。"

有若说："与人约定要近乎于义，才能兑现承诺。对人恭敬必须合乎礼节，才能避免受辱。依靠值得亲近的人，应该这样做才值得效法。"

鲁哀公问有若说:"饥荒年,国库空,怎么办? "

有若说:"实行赋税十分抽一。"

鲁哀公问:"十分抽二还嫌税少呢,怎能减到十分抽一? "

有若说:"百姓富裕了您还会不富裕吗? 百姓贫穷了您哪来富裕? "

曾子说:"晏子可说是懂礼之人,他为人恭敬。"

有若说:"晏子一件狐皮袍穿了三十年,办丧事时只用遣车一辆,一下葬就回家。依礼,陪国君下葬的牲礼有七个,遣车也要用七辆;大夫是五个牲礼,遣车五辆,晏子怎能算懂礼之人呢? "

曾子说:"如果国君无道,君子耻于处处尽礼;国人太奢侈时,就表现节俭作风;国人太俭朴时,才要处处尽到礼。"

有若问曾子说:"老师可曾说过,如何对待丢掉官职吗? "

曾子说:"没有,不过我倒曾听老师说过'丢掉官职,最好快点贫穷、快点死掉、快点烂掉'。"

有若说:"这不像君子该说的话。"

曾子说:"这是我亲耳听老师说的呀! "

有若仍然坚持说:"这不像老师说的话。"

曾子说:"是我与子游亲耳听老师这样说的。"

有若说:"好啦,我相信老师确实这样说过。但他一定针对什么才这样说的。"

曾子把这番对话告诉子游。

子游说:"了不得!有若的话太像夫子了!从前老师在宋国见到司马桓魋为自己制造石椁,花了三年还没做好,老师就说'他这么奢侈,死后应该快点烂掉'。这是针对司马桓魋说的。南宫敬叔丢官之后,每次返国一定满载珍宝去晋谒国君。老师说'他行贿求官,丢官还不如快点贫穷的好'。这是针对南宫敬叔说的。"

曾子将子游的话告诉有若,有若说:"这就对了!本来我就说'这不像老师说的话'。"

曾子说:"你怎么知道呢?"

有若说:"老师当中都宰时,曾规定内棺四寸,外椁五寸,由此可知老师不主张人死就快点烂掉。另外当初老师丢掉了司寇官职,要应聘到楚国当官,就先派子夏去安排,接着又加派冉求去帮忙,由此可知老师不主张丢官后很快就贫穷。"

孔子死后,学生们都很想念他。子夏、子张、子游认为有若长相、观念都很接近孔子,要让他接替孔子之职,曾子反对,认为不可以。

有一天，弟子进来问他说："从前老师要出门时，令弟子们带雨具，不久果真下雨。同学们问'老师怎么知道会下雨呢'，老师说'《诗经》说，月亮依附于毕星的位子上，接着就会下大雨。昨晚月亮不是在毕星吗？'又有一天，月亮又在毕星，但却没有下雨。"

弟子又说："商瞿年纪大了还没有儿子，他的母亲要替他另外娶妻。老师派他到齐国去，商瞿的母亲请求不要派他。老师说，'别担心！商瞿四十之后会有五个儿子'。之后果真如此。请问当年老师怎能预知呢？"

有若默然无法回答。

弟子们站起来说："有若！你离开吧，这位子不是你能坐的啊！"

28. 公西赤

公西赤，字子华，鲁国人。比孔子小四十二岁。

公西赤以长于祭祀与宾客之礼著称，且善于交际。束带立朝，整齐庄重又严肃，志向通达又喜好礼仪，处理两国之间外交，忠诚雅正又有节制，这是公西赤的品行。

孔子对弟子们说："《礼经》三百篇，可以经由学习来了解；

三千项威严的礼仪细节，则难以掌握。"

公西赤说："为什么呢？"

孔子说："接待宾客要容貌庄重，致辞要依不同礼节，所以很难。"

大家以为孔子说完了。

孔子又说："接待宾客，公西赤足以胜任。"

孔子又对弟子们说："想学习接待宾客，你们应该向公西赤学。"

弟子们说："是的，老师。"

公西赤奉派出使齐国，冉求替公西赤的母亲向孔子请求安家米粮。

孔子说："给他六斗四升。"

冉求说："再多给他一些吧。"

孔子说："那就再给他二斗四升。"

结果冉求自作主张给了八百斗。

孔子说："公西赤到齐国去，坐的是肥马拉的马车，穿的是轻暖的裘衣，我听说，君子是周济人家的急难，而不是增加别人的财富。"

公西赤有非常优秀的外交才能。

孟武伯曾经向孔子问起公西赤，孔子回答说："可以让公西赤穿着礼服，在朝廷接待贵宾，但我也不知道他是否做到了仁。"

　　从孔子的言谈中，我们可以知道孔子多么了解自己的学生，也表现了孔子对于"仁"的完美要求。

29.巫马期

　　巫马期，字子旗，鲁国人。比孔子小三十岁。

　　宓子贱做过单父的地方官，只见他整天弹琴作乐，悠闲自得，根本没见他走出过公堂。单父在他的治理之下生活富足。后来，宓子贱离开单父，巫马期接替他的职务，巫马期天还没亮、星星还没消失就去上班，一直忙到夜里繁星密布才疲惫不堪地返回公堂。巫马期为了工作，吃不好，睡不好，大小事情无不亲自处理，好不容易才将单父治理好。

　　巫马期便去请教宓子期治理单父的窍门。

　　宓子贱说："我哪有什么窍门？我治理单父是借着大家的力量。你只用自己的力量治理单父当然辛苦不堪，我依靠众人的力量当然安逸得多了。"

　　孔子要外出，叫随从们拿上雨具，不久果然有雨。

巫马期问孔子说:"早上没云,后来又出太阳,老师叫我们带雨具,请问您怎么知道会下雨呢?"

孔子说:"昨晚月亮在毕宿星座,《诗经》说'月离毕宿,滂沱大雨跟着来'。所以我知道天要下雨。"

陈国的司寇问:"鲁昭公知礼吗?"

孔子说:"知礼。"

孔子走后,陈国的司寇向巫马期作一作揖,说:"我听说君子不袒护人,难道君子也袒护人吗?昭公娶一位吴国女人当夫人,因为同姓姬,所以讳称她为吴孟子。如果鲁昭公也算知礼,天下还有谁不知礼?"

巫马期把陈国司寇的话转告孔子,孔子说:"我真是有幸,一旦有了过错,人家一定会知道。为臣不能说国君的过错,替他避忌的人,就是懂礼啊。"

30. 梁鳣

梁鳣,字叔鱼,齐国人。比孔子小二十九岁。梁鳣是少梁开国康伯之九世孙,晋大夫益耳五世孙。齐景公时从学孔子。

梁鳣三十岁时还无子女,他想休妻。

同为孔子弟子的商瞿对他说："你先别这样做。从前我三十八岁还没有儿子，母亲要为我再娶一房妻子。老师派我到齐国，我母亲请求老师让我留下来，老师说'你别担心，商瞿过了四十岁时会有五个儿子'。结果如先生所说。你还没有儿子，未必是你妻子的错。"

梁鳣听从商瞿的话，两年后他三十二岁时真的生了儿子梁鳠，取名赎，字子襄。后来梁鳠成为曾子的门徒。

31. 陈亢

陈亢，字子亢或子禽，陈国人。比孔子小四十岁。齐大夫陈子车之弟。

陈亢品行高洁，各国诸侯都很尊敬他。

陈亢问子贡说："老师到任何地方，都能了解该地的政事，是求来的还是人家告诉他的？"

子贡说："老师是由于温、良、恭、俭、让的品德而得来的，老师的请求通常都异乎于常人吧？"

陈亢对子贡说："你是谦虚吧，孔子哪里比你强？"

子贡说："君子说一句话就可以表现出是否明智，所以说话不可以不谨慎。"

子贡说:"孔子高不可及,如同天不能搭阶梯爬上去一样。他如果有机会治理国家,就能得到百姓全力拥护,万众一心,共用太平。他生也光荣,死也可哀,怎么谈得上赶上他呢?"

有一天,陈亢看到孔鲤从学堂走出来,便问孔鲤说:"你从老师那里学到了特别的密传吗?"

孔鲤说:"没有。有一次他独自站在庭中,我恭敬地走过,他问我'学《诗》了吗'。我回答说'没有'。他说'不学《诗》,就不懂得怎么说话'。我回去便学《诗》。"

孔鲤说:"又有一天,他又独自站在庭中,我恭敬地走过。他又叫住我问'学《礼》了吗'。我回答说'没有'。他说'不学《礼》就不懂得怎样立身'。我回去就学《礼》。我只听到过这两件事。"

陈亢回去高兴地说:"今天我问一件事,得到三方面收获——知道《诗》的作用,《礼》的作用,又知道了君子并不偏爱自己的儿子。"

从前有以活人殉葬的习俗。

陈亢的哥哥陈子车死于卫国,他的妻子和家臣打算以活人为他殉葬。这时陈亢来了。

两人告诉陈亢说："陈子车病死，没有人在地下伺候他，我们想用活人为他殉葬。"

陈亢说："用活人殉葬不合礼仪。但尽管如此，兄长有病应有人去伺候，除了妻子和家臣你们两人之外，还有谁更适合做这件事呢？不用活人殉葬，正合我意。如要用活人殉葬，你们两个人来殉葬最适宜。"

于是陈子车的妻子和家臣便决定：不以活人殉葬。

32. 颜幸

颜幸，字子柳，鲁国人。比孔子小四十六岁。

33. 冉儒

冉儒，字子鲁，鲁国人。比孔子小五十岁。冉儒求学很认真，他敏于学、勤于问。

34. 曹恤

曹恤，字子循，蔡国人。比孔子小五十岁。曹恤是山东曹姓始祖曹振铎第十八代孙。而曹振铎又是周文王第六子，封山东定陶，以国为姓，因此曹恤也是王室之后。

35．伯虔

伯虔，字子析，鲁国人。比孔子小五十岁。斗伯比后裔，勤奋好学，以儒行著称。

36．公孙龙

公孙龙，字子石，楚国人。比孔子小五十三岁。齐国田常想出兵攻打鲁国，子张与公孙龙想为祖国挺身而出，但是孔子不答应。

太史公司马迁说："由公孙龙以上三十六位弟子，他们的年龄、姓名、受业过程和事迹都有明文记载。其余的四十二人没有年龄可考，也无文字记载。"

以下是孔子的四十二位弟子。

37.冉季

冉季，字子产，鲁国人。

38.公祖句兹

公祖句兹，字子之，鲁国人。

39.秦祖

秦祖，字子南，秦国人。

40.漆雕哆

漆雕哆，字子敛，鲁国人。

41.颜高

颜高，字子骄，鲁国人。

42.漆雕徒父

漆雕徒父，又名文，字子期，鲁国人。

43.壤驷赤

壤驷赤，字子徒，秦国人。

44.商泽

商泽，字子季，齐国人。

45.石作蜀

石作蜀，字子明，周人。

46.任不齐

任不齐，字子选，鲁国人。

47.公良儒

公良儒，字子正，陈国人。

48.后处

后处，字子里，周人。

49.秦冉

秦冉，字子开，蔡国人。

50.公夏首

公夏首，字子乘，鲁国人。

51. 奚容箴

奚容箴，字子哲，鲁国人。

52. 公肩定

公肩定，字子中，鲁国人。

53. 颜祖

颜祖，字子商，鲁国人。

54. 鄡单

鄡单，字子家，鲁国人。

55. 句井疆

句井疆，字子疆，卫国人。

56. 罕父黑

罕父黑，字子索，鲁国人。

57. 秦商

秦商，字子丕，鲁国人。

58.申党

申党，字子周，鲁国人。

59.颜之仆

颜之仆，字子叔，鲁国人。

60.荣旗

荣旗，字子祺，鲁国人。

61.县成

县成，字子祺，鲁国人。

62.左人郢

左人郢，字子行，鲁国人。

63.燕伋

燕伋，字子思，鲁国人。

64.郑国

郑国，字子徒，鲁国人。

65.秦非

秦非，字子之，鲁国人。

66.施之常

施之常，字子恒，鲁国人。

67.颜哙

颜哙，字子声，鲁国人。

68.步叔乘

步叔乘，字子车，齐国人。

69.原亢

原亢，字子籍，鲁国人。

70.乐欬

乐欬，字子声，鲁国人。

71.廉絜

廉絜，字子庸，卫国人。

72.叔仲会

叔仲会，字子期，鲁国人。

73.颜何

颜何，字子冉，鲁国人。

74.狄黑

狄黑，字子哲，鲁国人。

75.邦巽

邦巽，字子敛，鲁国人。

76.孔忠

孔忠，孔子的哥哥伯尼之子，鲁国人。

77.公西舆如

公西舆如，字子之，鲁国人。

78.公西葳

公西葳，字子尚，鲁国人。

太史公说：

"后世学者们都称述孔子门下的七十多位门生，有些赞誉超过了真实，有些诋毁也超过了真实。总之谁也没看到过他们的真实相貌。孔门弟子的生平事迹，还是孔氏古文接近真相，关于孔子门下弟子们的名字、姓氏、言行等情况，我全部取自《论语》中的弟子问答，编次成篇，有疑问的地方就空缺着。"

版权登记号：01-2016-2475

图书在版编目（CIP）数据

孔子纪行/蔡志忠著.—北京：现代出版社，2020.1
（蔡志忠经典解密系列）
ISBN 978-7-5143-8046-0

Ⅰ.①孔… Ⅱ.①蔡… Ⅲ.①孔丘（前551-前479）—传记
Ⅳ.① B222.2

中国版本图书馆 CIP 数据核字（2019）第 216107 号

孔子纪行

作　　者	蔡志忠
责任编辑	毕椿岚
出版发行	现代出版社
通信地址	北京市安定门外安华里 504 号
邮政编码	100011
电　　话	010-64267325　64245264（传真）
网　　址	www.1980xd.com
电子邮箱	xiandai@vip.sina.com
印　　刷	三河市宏盛印务有限公司
开　　本	880mm×1230mm　1/32
印　　张	10
字　　数	128 千字
版　　次	2020 年 1 月第 1 版　2020 年 1 月第 1 次印刷
书　　号	ISBN 978-7-5143-8046-0
定　　价	49.80 元

- 蔡志忠经典解密系列 -

·菩提树下的微笑:《金刚经》解密

·智慧彼岸的微笑:《心经》解密

·开悟者的微笑: 禅解密

·田园的微笑:《菜根谭》解密

·自然箫声的微笑:《庄子》解密

·仁者的微笑:《论语》解密

·孔子纪行